Publication originale par Yellow Kite (Hodder & Stoughton)
en Grande-Bretagne, 2014, sous le titre :
Happiness is a state of Mind.
How to create space for happiness in your life.

Sa Sainteté le Gyalwang Drukpa

en collaboration avec Kate Adams

Le bonheur est déjà là

Préface de Frédéric Lenoir

traduit de l'anglais par Louise Henri

MARABOUT

Cet ouvrage, empreint de sensibilité, de grâce et de sagesse, met un terme à la confusion qui entoure la signification du véritable bonheur. En pointant les obstacles nous rendant étrangers à nous-mêmes, ce livre apprend à les considérer avec une grande bienveillance, leur permettant ainsi de disparaître d'eux-mêmes. Il offre les outils nécessaires pour renouer avec la vie telle qu'elle est, et non telle que nous voudrions qu'elle soit, et nous donne la possibilité de redécouvrir la paix intérieure, incommensurable et indestructible, qui nous accompagne depuis toujours, qui est là, en nous, évidente et cependant ignorée. Un livre merveilleux, qui deviendra un compagnon fidèle et un guide indispensable pour tous ceux qui le liront.

Mark Williams,
professeur émérite de psychologie clinique,
université d'Oxford

Préface

J'ai rencontré le Gyalwang Drukpa pour la première fois au monastère bouddhiste de Hémis, au Ladakh, dans le Nord de l'Inde, en 1982. Nous avions tous les deux vingt ans. J'ai été profondément touché par le sourire lumineux et l'intelligence joyeuse de ce jeune lama, reconnu comme la réincarnation du grand sage indien Naropa (XIe siècle). Je ne l'ai revu que 30 ans plus tard lorsque j'ai été invité à dialoguer avec lui lors du lancement en France de son mouvement Live to love (« Vivre pour aimer »). Nous nous sommes retrouvés avec joie et simplicité, comme si le temps ne s'était pas écoulé.

Au cours de ces trente dernières années, le Gyalwang Drukpa est devenu l'une des principales figures du bouddhisme tibétain. Non pas seulement parce qu'il est le chef de file des Drukpa Kagyu, l'une des grandes lignées du Tibet, mais surtout parce qu'il s'est imposé par sa sagesse et son charisme comme un authentique maître spirituel et comme un homme d'action désireux d'améliorer le monde. Cette compassion en acte se traduit par de nombreuses œuvres dans des domaines aussi divers que l'éducation, la protection de l'environnement, l'émancipation des femmes, le dialogue des cultures, l'aide humanitaire ou la préservation de l'héritage culturel.

On retrouve dans cet ouvrage consacré au bonheur son souhait d'aider ceux qui souffrent dans leur cœur ou dans leur esprit, et ils sont légion en Occident, à accéder à la paix intérieure. Pour cela, le Gyalwang Drukpa montre comment cultiver un esprit heureux et mettre le bonheur en pratique. Tissé de nombreux témoignages et d'exemples concrets, cet ouvrage est très aisé de lecture et accessible à tous. Il n'en demeure pas moins profond dans l'essentiel de son propos : le bonheur est un état d'esprit, « c'est avec notre esprit que nous créons notre monde, c'est notre esprit qui est à l'origine de notre bonheur et de notre souffrance ». Le travail principal pour être heureux consiste donc à améliorer notre esprit, à le calmer, à l'entraîner, à l'aiguiser. Nous sommes ainsi appelés à découvrir que le bonheur n'est pas à rechercher à l'extérieur de nous, comme quelque chose qu'il faudrait acquérir, mais qu'il est déjà là, au plus intime de nous, et qu'il nous appartient de le reconnaître et de le cultiver.

Pour ce faire, le Gyalwang Drukpa propose de nombreux exercices pratiques qui sont au cœur de la pratique bouddhiste millénaire et dont la plupart ont été repris et adapté à l'Occident depuis une trentaine d'années par la mouvance américaine du développement personnel : vivre dans l'instant présent, remercier la vie, reconnaître et transmuter ses émotions négatives, ne pas se comparer, travailler sur ses pensées, etc. Parmi ces exercices d'entraînement de l'esprit, celui de la méditation est l'un des plus essentiel. J'en fais l'expérience depuis plus de trente ans : la pratique quotidienne d'un temps, même bref, de méditation silencieuse permet de calmer l'agitation de notre mental et de prendre de la distance vis-à-vis de nos émotions. Elle crée aussi un « espace intérieur » qui permet à notre esprit de respirer, d'être plus lucide et pénétrant. Nous pouvons ainsi mieux savourer le bonheur et la joie qui sont en nous et qui ne demandent qu'à rayonner.

Frédéric Lenoir

Si nous ne savons pas apprécier,
notre vie est aussi artificielle que le plastique.
Non seulement nous devons débarrasser
notre environnement extérieur des déchets non-biodégradables, mais nous devons également en débarrasser
notre esprit !
C'est la voie du bonheur durable.

Sa Sainteté le Gyalwang Drukpa

Sa Sainteté le Gyalwang Drukpa est un écologiste engagé, éducateur et maître spirituel de la lignée Drukpa, une des principales écoles bouddhistes de l'Himalaya, fondée par le grand saint indien Naropa (1016-1100). « Druk » signifie « dragon » et désigne également le bruit du tonnerre. En 1206, le premier Gyalwang Drukpa, la réincarnation de Naropa, vit neuf dragons s'élever des terres de Namdruk pour s'envoler dans le ciel et nomma sa lignée « Drukpa », ou « lignée des dragons ». Au Bhoutan, que l'on appelle « Druk Yul » ou « pays des dragons tonnerre », la lignée Drukpa est considérée comme la religion d'État. Répandue dans de nombreux pays, c'est également la plus importante lignée bouddhiste en Inde ; en 2014, la poste indienne a lancé un timbre commémoratif pour célébrer le 999e anniversaire de la lignée Drukpa.

La compassion à l'œuvre

Sa Sainteté s'intéresse particulièrement à la protection de l'environnement et à l'éducation, qui concrétisent le principe bouddhiste fondamental des liens étroits et de l'interdépendance qui existent entre tous les êtres. Il a pour mission de favoriser l'harmonie et la paix intérieure en intégrant les préceptes spirituels de l'amour et de la gratitude dans la vie quotidienne. Il s'attache également à encourager l'égalité des sexes, à créer des établissements éducatifs, des dispensaires et des centres de méditation, et à rebâtir des sites du patrimoine de l'Himalaya. Il est le fondateur et le guide spirituel de l'école du Lotus Blanc au Ladakh, en Inde, qui offre à ses élèves une éducation moderne tout en préservant leur héritage culturel et a été récompensée par de nombreux prix.

Persuadé que chacun d'entre nous peut influer de façon positive sur la communauté dans laquelle il vit, Sa Sainteté nous enseigne à mettre la compassion en œuvre. En reconnaissance de son action, le Gyalwang Drukpa s'est vu décerner en 2010 le prix de l'UNESCO des objectifs du Millénaire pour le développement et le Green Hero Awards qui lui a été remis par le président de l'Inde.

Égalité des sexes

Au cours de l'histoire, les femmes de l'Himalaya, parfois ostracisées en raison de leur quête de pratique spirituelle, ont lutté pour être traitées à égalité avec les hommes. Le Gyalwang Drukpa œuvre pour améliorer les choses et a créé la congrégation de moniales Druk Gawa Khilwa – un monastère moderne respectueux de l'environnement situé dans les environs de Katmandou, au Népal, associé à un monastère du Ladakh, en Inde. Les femmes y reçoivent un enseignement moderne, ainsi qu'une formation spirituelle autrefois réservée aux hommes. Afin de les encourager à développer leur confiance en elles, le Gyalwang Drukpa les a également autorisées à apprendre le kung-fu, dont l'enseignement était interdit aux femmes depuis deux siècles. Ces moniales kung-fu obtiennent aujourd'hui une reconnaissance internationale. La BBC leur a consacré un reportage, elles se sont produites au parc olympique à Londres, et au CERN à Genève.

Le Gyalwang Drukpa soulève régulièrement des questions actuelles auprès de la communauté internationale, telles que la protection de l'environnement, l'égalité des sexes et la tolérance religieuse. Récemment, en septembre 2012, il a assisté à la Semaine des Nations unies à New York, où il a tenu une conférence lors du Forum des femmes, participé à des réunions de haut niveau sur le Moyen-Orient et assisté au Forum des femmes dirigeantes en compagnie de personnalités comme Cherie Blair, Geena Davis ou Son Altesse royale la princesse Basma bint Saoud.

Le Gyalwang Drukpa coopère avec de prestigieuses organisations internationales afin de répandre le message de la compassion agissante. Il s'est récemment rendu au CERN, en Suisse, pour débattre des tensions apparentes qui existent dans la société entre la science et la religion, ainsi que des progrès en matière d'égalité des sexes. Il s'est également rendu à l'Organisation mondiale de la santé afin de discuter, entre autres, d'une éventuelle coopération en matière d'amélioration de la santé dans le monde.

Vivre pour aimer

Convaincu que l'approche bouddhiste peut résoudre les problèmes actuels, le Gyalwang Drukpa a fondé l'organisation humanitaire internationale Live to Love, « Vivre pour aimer », en 2007. Live to Love est une association d'organisations laïques à but non lucratif qui œuvrent ensemble dans cinq domaines : l'éducation, la protection de l'environnement, les services de santé, l'aide humanitaire et la préservation de l'héritage culturel.

Au-delà de ses objectifs officiels, Live to Love s'efforce d'encourager les gens à intégrer dans leur vie quotidienne des actes d'amour, aussi modestes soient-ils.

Protection de l'environnement

La région himalayenne, que l'on appelle le « troisième pôle », alimente en eau quasiment la moitié de la population mondiale et subit de façon démesurée les effets du réchauffement climatique. Live to Love parraine plusieurs projets exceptionnels d'envergure internationale qui visent à la protection environnementale de cet écosystème fragile. Chaque année, par exemple, Live to Love accueille l'Eco Pad Yatra (« Pad » signifie pied et « Yatra » voyager, le « Pad Yatra » est donc une longue marche à pied), un trek où des centaines de bénévoles font des centaines de kilomètres à pied en ramassant les déchets plastiques. Live to Love plante également dans la région des dizaines de milliers d'arbres, qui contribuent à assainir l'atmosphère en la débarrassant des toxines et à stabiliser le sol. En septembre 2013, durant la Semaine des Nations unies, le Gyalwang Drukpa a été nommé « Gardien de l'Himalaya » par l'organisation Waterkeeper Alliance, fondée en 1999 par l'avocat en droit de l'environnement, Robert F. Kennedy Jr., et plusieurs autres organisations.

En 2010, le Gyalwang Drukpa a lancé un projet visant à planter un million d'arbres au Ladakh, dans le cadre de la campagne « Un million d'arbres » initiée par Wangari Maathai, lauréat du prix Nobel de la paix en 2004. C'est ainsi que sous l'égide du Gyalwang Drukpa, les bénévoles de Live to Love ont battu à deux reprises le record du monde du *Guinness Book* du nombre d'arbres plantés simultanément. Plus récemment, en octobre 2012, plus de 9 800 bénévoles ont planté près de 100 000 arbres, protégeant les villages des coulées de boue et dépolluant l'atmosphère.

Éducation

Les habitants du Ladakh en Inde conservent un mode de vie bouddhiste. À mesure que la société se modernise, ils perdent leur culture d'origine et ont du mal à défendre leur place dans la nouvelle économie. L'école Druk du Lotus Blanc a pour but d'offrir au millier d'élèves qui la fréquentent un enseignement moderne, tout en leur inculquant le respect de la culture extrêmement riche de la région. Le programme comprend des cours d'anglais et d'informatique, ainsi que l'enseignement de la langue et de l'art traditionnels. L'école du Lotus Blanc a été récompensée à de multiples reprises pour sa conception qui s'inscrit dans une perspective de développement durable, et a reçu notamment trois World Architecture Awards ainsi que l'Inspiring Design Award décerné par le British Council pour la qualité de l'environnement scolaire. L'école a fait l'objet d'un documentaire américain de la chaîne PBS présenté par Brad Pitt, qui a obtenu un grand succès critique, et apparaît dans la superproduction de Bollywood, *3 idiots*, avec Aamir Khan.

Services médicaux

De nombreuses communautés de l'Himalaya n'ont pas accès aux services médicaux les plus élémentaires. Le dispensaire Druk du Lotus Blanc, situé sur le mont Druk Amitabha, non loin de Katmandou, au Népal, dispense des soins à la communauté de la région et organise tous les ans un « camp ophtalmologique ». Live to Love s'efforce de former des *amchis*, qui pratiquent la médecine traditionnelle himalayenne, afin d'offrir des soins élémentaires aux communautés les plus reculées et de coopérer avec les médecins allopathes pour traiter les affections les plus graves.

Aide humanitaire

Le 25 avril et 12 mai 2015, le Népal a été durement frappé par des tremblements de terre de magnitude 7.8 et 7.3, faisant selon les Nations Unies plus de 8 000 morts, plus de 20 000 blessés et 8 millions de personnes durement affectées.

Face à l'ampleur de cette catastrophe – comme ils l'avaient fait lors des inondations au Ladakh en 2010 et 2014 – les bureaux de Live to Love ont immédiatement mobilisé des moyens matériels, humains et financiers. L'aide s'est concentrée sur les populations sinistrées situées dans des zones isolées, difficiles d'accès, et où l'aide internationale restait limitée. Les équipes de Live to Love ont pu intervenir dans les 8 districts les plus touchés par le séisme. Lors de cette première phase d'urgence, environ 4 100 familles ont pu recevoir de la nourriture, des médicaments, des produits de première nécessité et des kits d'abris d'urgence comprenant des bâches, des tentes et des couvertures qui leur ont permis de se protéger du froid et des pluies de la mousson.

Actuellement, Live to Love se consacre à la phase de réhabilitation post-urgence de reconstruction des villages. Un premier projet en cours a pour but de construire environ 1 500 habitations dans la région de Kaktmandu (vallée de Ramkot) puis dans les districts de Sindhupalchok, Rasuwa et Ramechhap.

À la lumière de ce désastre, Live to Love a décidé de former dans les années à venir des bénévoles himalayens capables d'apporter une aide humanitaire à la fois rapide et efficace dans de semblables catastrophes. Le Gyalwang Drukpa s'est lui-même rendu à pied dans plusieurs villages.

Préservation de l'héritage culturel

La culture et l'art du Ladakh sont essentiellement bouddhistes. Le Ladakh étant situé sur la route de la soie, de nombreux lieux présentent des exemples rares de l'art bouddhique de la région du Gandhara et de la vallée de Bamiyan, qui offrent une synthèse d'éléments byzantins, gréco-romains, scytho-parthes et indiens. La plupart des ouvrages de ce style ont été détruits en Afghanistan et au Pakistan. Sous l'égide du Gyalwang Drukpa, Live to Love s'efforce de préserver ce patrimoine exceptionnel. En outre, l'association a lancé un projet visant à numériser les gravures sur bois, les manuscrits et les textes témoignant de la culture et de l'histoire du Ladakh qui ont été découverts dans les édifices et les maisons des communautés.

Sa Sainteté le Gyalwang Drukpa siège au comité de sélection des Earth Awards aux côtés de Jane Goodall, Richard Branson et Diane von Fürstenberg. Dirigé par le prince de Galles, le comité de sélection a pour rôle de repérer des innovations viables destinées à améliorer la qualité de la vie.

Passionné d'écriture, Sa Sainteté le Gyalwang Drukpa rédige lui-même les messages qui figurent sur son blog.

www.drukpa.org

Live to Love international www.livetolove.org et en France www.livetolove.fr

Pour ceux qui souhaiteraient soutenir l'action humanitaire du Gyalwang Drukpa, vous pouvez prendre contact avec Live To Love France, 112 Bd de la Chapelle, 75018 Paris / contact@livetolove.fr

Le bonheur n’est pas un objet à posséder,
c’est une qualité de pensée, un état d’âme.

Daphné du Maurier, *Rebecca*[1]

Introduction

Il n'y a pas de chemin vers le bonheur.
Le bonheur est le chemin.

Bouddha

Imaginez une vie libre de toute comparaison, une vie où vous vous sentiez parfaitement à l'aise. Imaginez ne rien vouloir de plus.

Le bonheur n'est pas un droit, c'est notre nature et notre essence, il est au cœur même de notre être. Si nous voulons être heureux, il ne nous en coûtera rien, car nous avons déjà tout ce qu'il faut pour être heureux ici et maintenant. Mais il se peut que nous rencontrions des obstacles qui s'opposent à notre bonheur. Que nous n'ayons pas compris qu'il a toujours été là, en nous.

Dans la vie, beaucoup de choses échappent à notre contrôle – on ne peut pas prédire l'avenir, on ne peut pas forcer les gens à nous aimer, on perd des êtres qui nous sont chers. Mais c'est à nous de choisir qui nous voulons être, et nous sommes libres de penser par nous-mêmes, même si nous n'en avons pas toujours conscience. C'est avec notre esprit que nous créons notre monde, c'est notre esprit qui est à l'origine de notre bonheur et de notre souffrance. En cet instant, vous avez peut-être l'impression d'être dominé par votre esprit et vos émotions, et non l'inverse. Tout comme vous pouvez améliorer votre condition physique, avec un peu d'entraînement et de pratique, vous pouvez renforcer votre esprit, le calmer, l'apaiser afin de voir enfin votre véritable nature ou, autrement dit, votre bonheur rayonner de l'intérieur.

Maintenant, il vous suffit d'être prêt à renoncer à lutter, prêt à laisser les choses s'arranger d'elles-mêmes. Il est temps d'agir selon votre cœur. De cesser de vous inquiéter de ce qui ne va pas chez vous ou dans votre vie pour apprécier enfin ce qu'il y a de positif dans le monde qui est le vôtre. Nous avons tous besoin qu'on nous rappelle de temps à autre que notre vie est précieuse et que c'est à nous de choisir ce que nous voulons en faire. Comme l'a souvent répété Bouddha : « Vous devez suivre votre chemin. Tout est entre vos mains. » Croyez en vous-même et faites-vous confiance pour faire un peu de place au bonheur dans votre vie.

Première partie

Qu'est-ce que le bonheur ?

La vie, ce n'est pas d'attendre que l'orage passe,
c'est d'apprendre à danser sous la pluie.

Vivian Greene

Que signifie le bonheur pour vous ? À quoi ressemble-t-il ? Quel effet cela fait-il ? Est-ce de manger une glace par une belle journée ensoleillée, ou de tenir celui ou celle que l'on aime par la main ? Est-ce de connaître une grande réussite professionnelle et de susciter l'admiration des autres ou d'acquérir des biens matériels ? Est-ce une expérience – une sensation fugitive – ou avez-vous l'impression que c'est une sorte de mirage – insaisissable, apparemment inaccessible ? Se pourrait-il que le bonheur soit plus profond, plus important, qu'il imprègne de joie et de contentement toute votre vie et votre façon d'être ? Qu'il puisse créer en vous de solides bases de positivité, de force, de bonté qui vous inspirent au quotidien et guident vos choix, vos paroles et vos actes. Se pourrait-il que le bonheur soit la raison pour laquelle les choses se déroulent sans encombre, et non le résultat final ?

La vie peut sembler parfois très compliquée, semée de choix difficiles, d'attentes, d'obligations d'être ceci ou cela. Mais pour chacun d'entre nous, demeure chaque jour l'espoir d'être heureux et de ne pas souffrir en cet instant et durant toute notre vie. Nous aimerions nous défaire de ce sentiment obsédant que le bonheur est « à venir » – que si nous parvenons d'une manière ou d'une autre à réunir toutes les conditions idéales, nous pourrons nous détendre et être enfin heureux. Nous voudrions nous sentir bien, sereins ; ne pas éprouver cette anxiété latente, cette vague impression que quelque chose ne va pas. Nous avons le sentiment que si nous pouvions cesser de courir dans tous les sens, le bonheur nous trouverait peut-être, et pourtant, c'est plus fort que nous, nous avons peur de nous arrêter, de crainte de ne pas savoir quoi faire de notre vie.

Pourquoi tant d'obstacles semblent-ils se dresser sur la voie du bonheur ? Et d'ailleurs, le bonheur n'est-il qu'un luxe – quelque chose dont la seule idée est égoïste ?

Je ne pense pas devoir vous convaincre que le bonheur est essentiel. Il me suffit de vous dire de chercher la réponse dans votre cœur. Et c'est d'autant plus merveilleux que le bonheur de l'un peut faire le bonheur de l'autre, et que plus il y aura de gens heureux, plus nous aurons l'espoir de créer un monde meilleur. Le bonheur influe sur tous les aspects de notre vie : il nous avantage dans notre travail, nous permet d'être en meilleure santé, renforce l'amour que nous éprouvons pour nos proches, nous rend plus chaleureux à l'égard de notre environnement, fait de nous des gens bienveillants, attentionnés envers les autres. Ce sont là les avantages supplémentaires du bonheur ; le bonheur en soi est le bénéfice que l'on retire en se rapprochant de sa nature profonde, après s'être débarrassé des opinions, de l'orgueil, de l'autocritique, des attentes, des espoirs et des peurs qui se sont accumulés au fil du temps. Les outils proposés par la suite dans ce livre contribuent à cultiver un esprit heureux et peuvent être appliqués dans tous les domaines de la vie, qu'il s'agisse de voir les situations sous un autre angle ou de se défaire des comparaisons et des plaintes.

Mieux encore, même si vous êtes persuadé que d'autres tirent les ficelles, en réalité votre bonheur ne dépend que de vous. Cela exige un peu d'entraînement, sans doute, mais lorsqu'on comprend quelle est la véritable source de son bonheur, on peut en faire un précieux allié et le partager avec ceux qui nous entourent. Il peut agir comme un catalyseur et être source d'un grand changement, d'un grand amour, d'une grande bonté.

1

Le bonheur est notre nature

Convaincu que jamais Nature n'a trahi
Le cœur qui l'a aimé.

William Wordsworth[2]

Créer du bonheur ne revient pas à suivre une simple recette de cuisine. Et ceux qui vous disent « soyez positif » ne font que vous imposer une attente ou une obligation de plus.

En fait, le bonheur est déjà là. Et la seule chose que vous ayez à faire, c'est de mieux comprendre cela – le cultiver et le nourrir dans votre esprit puis dans vos actes. C'est alors que le bonheur s'épanouit. À l'état naturel, l'esprit est clair et lumineux. Et si vous vous efforcez de le développer, vous verrez comme jamais vous n'avez vu.

La véritable nature qui est la nôtre à la naissance est merveilleuse et pleine d'amour. Le bonheur est notre nature. Il est inutile de le chercher ou de craindre qu'on nous l'enlève. Il nous faut juste comprendre qu'il est toujours là, dans notre cœur. Parfois, il est dissimulé ou masqué, si bien qu'on ne le voit pas, mais il est toujours là, que le soleil brille ou non.

Certains philosophes ont décrit le bonheur comme un instant fugitif, une sensation que l'on ne peut éprouver que de temps à autre (autrement, nous ne remarquerions pas à quel point il est agréable). En un sens, c'est logique, car nous autres, les êtres humains, sommes doués pour dresser des obstacles entre le bonheur et nous – au point que nous nous contentons de l'entrevoir sous la surface tourmentée de notre esprit agité de pensées qui se bousculent, angoissé par la vie, préoccupé par ce que nous sommes, par ce que les autres pensent de nous, par ce qui pousse les gens à être aussi pénibles. Mais nous pouvons apprendre à ouvrir notre cœur et notre esprit à ces visions fugaces, leur permettre de grandir et d'influer davantage sur notre quotidien. Le bonheur est un plaisir, certes. Que l'on mange un carré de chocolat ou que l'on réalise un rêve qui semblait jusque-là inaccessible, ce sont des moments de bonheur fugitifs. Mais ce qui nous intéresse réellement, c'est de développer un sentiment de bonheur durable *au-dedans* de nous. Ce bonheur est notre inspiration et notre motivation ; c'est notre amour, notre empathie, notre compassion, notre générosité, la joie de l'effort.

La pensée précède toutes choses.
Elle les gouverne, elle en est la cause.
Qui parle ou agit avec une pensée pure,
Le bonheur s'attache à ses pas,
Comme l'ombre qui jamais ne le quitte.

Dhammapada[3]

Nous disons souvent que la vie est rare et précieuse. Pourquoi donc laissons-nous passer des opportunités ? Je conseille à mes amis et à mes élèves d'avoir l'intelligence de profiter de toutes les occasions de s'améliorer, au lieu de trouver des prétextes pour les refuser. On prend facilement l'habitude d'être si occupés par des futilités que l'on rate des occasions qui se présentent. Mais je vous encourage à les saisir. Je sais bien que ce n'est pas toujours facile (et je suis parfois obligé de me rappeler le conseil que je donne aux autres), mais à mesure que l'on cultive son esprit, que l'on en prend soin, il prend soin de nous et de notre bonheur dans cette vie.

Naturellement, le sentiment de bonheur que vous éprouvez en cet instant se nourrit de votre expérience – comment se passe votre journée, quel sentiment vous inspire celui ou celle que vous êtes et la voie que vous suivez. Mais pourquoi ne pas profiter de cette occasion de changer les choses : comprendre que c'est votre bonheur qui peut influer sur votre vie, sur le déroulement de votre journée et sur vous-même. Exercer votre esprit à se défaire des inquiétudes, des peurs, de l'obligation de réussir, des rancœurs, des regrets, et porter autour de vous un regard empreint d'amour et de générosité, accepter la richesse de l'incertitude, permettre aux autres d'être eux-mêmes, trouver votre inspiration. Renoncer aux conditions que vous avez imposées jusqu'ici à votre bonheur. Vous n'avez pas besoin de raison pour être heureux. Que ce soit une journée difficile, féconde, oisive ou triste, ce peut être au fond une journée heureuse.

Les bénéfices du bonheur

Voici quelques bénéfices du bonheur :

- Nous sommes plus sympathiques
- Nous apprécions davantage les autres
- Nous montrons plus de bonté, de compassion, de générosité
- Il y a plus d'amour dans notre vie
- Nous sommes en meilleure santé
- Nous sommes plus lucides
- Nous acceptons nos peurs et nos incertitudes
- Nous trouvons davantage de satisfaction dans le travail
- Nous tirons les leçons des épreuves et nous en sortons grandis
- Nous apprenons à ne pas nous prendre trop au sérieux
- Nous nous sentons équilibrés et à l'aise dans notre peau
- Nous nous épanouissons
- Nous aidons les autres à s'épanouir
- Nous aidons le monde à s'épanouir

À présent, examinons ces bénéfices plus en détail.

Nous sommes plus sympathiques

Le sourire est contagieux. La joie rayonne. Elle attire tous les gens qui se trouvent autour de nous. Nous pouvons penser du bien de quelqu'un ou lui parler avec le sourire au cœur. Quand nous sommes heureux, nous avons une meilleure opinion de nous-mêmes et, dès lors, il nous est plus facile d'avoir une meilleure opinion des autres et de mettre de la compassion dans nos relations avec eux. Ce qui est merveilleux, c'est que la bonté fonctionne à double sens : plus nous en montrons, plus elle grandit en nous et nourrit notre bonheur comme l'eau arrose les fleurs.

Nous apprécions davantage les autres

C'est tellement plus agréable d'apprécier les autres, au lieu d'être perturbé ou contrarié par eux. Lorsque nous avons une piètre opinion de nous-mêmes ou de notre vie, nous avons souvent une vision tout aussi négative des autres. Mais quand nous avons l'esprit heureux, nous voyons ce qu'il y a de bien chez les autres. Il arrive par exemple que l'on soit fatigué et énervé et que l'on ne trouve que des défauts à son compagnon ou à sa compagne, et que le lendemain on voie cette même personne d'un tout autre œil. C'est notre esprit et notre bonheur qui déterminent le regard que l'on porte sur le monde qui nous entoure.

Nous montrons plus de bonté, de compassion, de générosité

Nous craignons parfois que le bonheur soit égoïste et nous incite à nous focaliser sur nous-mêmes, mais ceux qui choisissent le bonheur, et plus particulièrement un bonheur fondé sur le contentement profond, accomplissent souvent les actes les plus désintéressés. Si l'on est contrarié, en colère, il est peu probable que l'on donne quelques pièces au mendiant croisé dans la rue. Les gens heureux se soucient réellement des autres et de leur bonheur ; ils ont une force qui leur permet de se mettre à leur place. Lorsque nous ouvrons notre esprit et notre vie au bonheur, nous arrivons à voir chaque situation sous tous les angles au lieu de nous cramponner à une vision inflexible de ce que devraient être le monde ou notre existence. Nous y gagnons en patience et en tolérance à l'égard des autres points de vue, si bien que nous cédons moins à l'énervement ou à la colère. Nous nous montrons plus indulgents envers les gens, au lieu de nous encombrer de futilités qui nous rétrécissent l'esprit et le cœur.

Il y a plus d'amour dans notre vie

Tristement, le malheur entraîne la solitude qui, à son tour, ne fait qu'accroître le malheur. On a même tendance à croire qu'on n'est pas digne d'être aimé – ou simplement, qu'on ne trouvera jamais l'amour. L'ennui, c'est que ce type de croyances dresse des barrières entre nous et l'amour. Nos croyances fondent nos expériences, et celles-ci renforcent nos croyances, engendrant un cercle vicieux de souffrance psychique inutile. Inversement, un des merveilleux effets secondaires du bonheur, c'est qu'en donnant de l'amour et de la compassion, nous en éprouvons à notre tour dans notre vie. En nous autorisant à ressentir de l'amour pour les autres, nous abaissons les barrières qui auraient pu empêcher l'amour d'entrer dans notre vie. Certains doivent particulièrement s'attacher à se montrer plus indulgents avec eux-mêmes, se convaincre qu'ils sont dignes d'amour afin de pouvoir en recevoir des autres.

Nous sommes en meilleure santé

Le bonheur est bon pour le cœur ; c'est le meilleur remède contre le stress et il nous encourage à nous occuper un peu plus de notre corps si précieux. Il décuple notre énergie et notre vitalité, nous donnant ainsi une impression de force physique et de calme intérieur. Quand on a l'esprit malheureux, en revanche, le corps le ressent et le manifeste au travers de la fatigue ou d'un mal-être constant – le sentiment de ne pas vouloir se lever le matin. Même lorsque le corps est frappé par la maladie, l'esprit heureux est capable de soulager la souffrance que l'on éprouve.

Inversement, si l'on prend soin de son corps, celui-ci est d'un grand soutien pour l'esprit. Au monastère du mont Druk Amitabha au Népal, les moniales apprennent le kung-fu et le pratiquent tous les matins. Il ne s'agit pas seulement de s'assurer qu'elles sont en bonne condition physique, mais de renforcer leur confiance et leur estime de soi. Il semblerait également qu'en se concentrant sur certains mouvements spécifiques du corps, on exerce l'esprit. Il en va de même pour le yoga – c'est une forme de méditation du corps. Si, par exemple, en pratiquant le yoga, vous avez du mal à tenir l'équilibre, cela signifie généralement que vous avez un léger déséquilibre psychique !

Nous sommes plus lucides

Un esprit heureux est pareil à une mer calme, où les vagues et le sable qui troublent généralement l'eau sont retombés, laissant voir le fond. Tout comme les extraordinaires récifs de coraux qui tapissent nos océans, c'est d'une beauté inimaginable et cela nous permet de nous observer, d'observer notre vie avec l'esprit paisible, et de découvrir ainsi qui nous sommes et qui nous aimerions être. Nous pouvons sonder notre cœur sans jugement de valeur absolu, et découvrir l'ambition et la motivation qui nous poussent à agir – à nous jeter à l'eau.

Nous acceptons nos peurs et nos incertitudes

Lorsque nous sommes relativement optimistes, nous n'avons plus la même peur de l'incertitude. Nous n'éprouvons pas le besoin de savoir exactement ce qui va se passer demain, ni même aujourd'hui, car nous sommes en accord avec nous-mêmes, et l'incertitude peut entraîner d'intéressantes opportunités de dernière minute. Accepter sereinement l'incertitude est un des meilleurs moyens de cultiver le bonheur. Lorsque nous avons cette flexibilité d'esprit, nous sommes moins enclins à être déçus, que ce soit par les autres, par les événements ou par nous-mêmes. Nous n'exigeons pas que les choses soient conformes à nos attentes – nous nous laissons entraîner par le courant en évitant les obstacles, au lieu de nous faire piéger.

Nous trouvons davantage de satisfaction dans le travail

C'est une chance extraordinaire dans la vie que d'être heureux dans son travail. Nous passons un temps considérable dans des activités que nous qualifions de « travail » et nous avons tendance à penser que la réussite professionnelle procure du bonheur. Mais en réalité, la réussite résulte du bonheur intérieur et non l'inverse. Si j'ai voulu partager les idées qui sont au cœur de ce livre, c'est en particulier pour délivrer l'esprit de toutes les conditions que nous imposons à notre bonheur : nous serons heureux s'il arrive telle ou telle chose, si nous réussissons ceci ou cela. Quand nous sommes heureux, nous sommes présents dans l'instant, nous sommes entraînés dans le flot de la vie. Et il en va de même dans le travail : c'est un tel plaisir que d'être pleinement concentré, plongé dans une tâche. Communiquer avec les autres dans le cadre du travail, apprendre, transmettre ses connaissances, aider, inspirer, permet de créer des liens extraordinaires avec eux, de s'enrichir intérieurement, d'enrichir sa vie.

Nous tirons les leçons des épreuves et nous en sortons grandis

On reproche parfois au bonheur d'être irréaliste, de masquer des fêlures de la vie qui sont en réalité extrêmement pénibles et douloureuses. C'est pourquoi il est essentiel de reconnaître *toutes* nos émotions, qu'elles soient positives ou négatives, et de les regarder en face au lieu de les ignorer. Si nous nous interdisons de comprendre nos souffrances, le bonheur que nous éprouverons sera superficiel – comme un pansement qui couvre la blessure sans la guérir.

Bien des gens se demandent peut-être ce qu'un homme dans ma situation peut savoir de la douleur et de la souffrance. Comment un moine reclus au sommet de sa montagne ou dans sa grotte pourrait-il comprendre la réalité ? J'apprécie chaque jour que j'ai connu dans ma vie, mais je ne peux pas dire que j'ai souri de bonheur tous les jours. J'avais à peine quatre ans quand je suis allé vivre avec les moines. Je ne voyais mes parents que rarement et je n'étais pas toujours bon élève ; il m'arrivait d'être battu – et j'avais très peur de ne pas être à la hauteur de l'image que tout le monde avait de moi. J'ai perdu certains de mes maîtres bien-aimés et, aujourd'hui, je suis au sommet de la pyramide de responsabilité, garant de centaines de communautés de moines ou de moniales et d'écoles dans l'Himalaya. Si j'explique tout ceci, c'est pour montrer que, dans ma vie, tout n'a pas toujours été rose et que j'ai eu mon lot de peines et de fardeaux. Mais tous ces moments où je me suis senti triste ou perdu ont aussi beaucoup contribué à mon bonheur. Ils m'ont fait apprécier la vie davantage encore, m'ont rappelé ma raison d'être et donné de l'énergie au travail. Ils m'ont offert de précieuses leçons de compassion.

Nous apprenons à ne pas nous prendre trop au sérieux

Je me dis parfois qu'en entendant le moine que je suis rire aux éclats, les gens ne me prennent peut-être pas très au sérieux. Certes, il est bon de vivre pleinement toutes les émotions, mais il faut renoncer au sérieux de temps à autre, surtout quand il s'agit de nous. Savoir rire de nos erreurs et de nos mésaventures signifie que nous ne sommes pas submergés par la gêne et que nous ne nous préoccupons pas de ce que les autres pensent de nous. Cela nous permet de répandre la joie autour de nous au lieu d'être empêtrés dans le formalisme ou le cynisme.

Nous nous sentons équilibrés et à l'aise dans notre peau

Le bonheur procure le contentement et la paix. Je sais que dans la société contemporaine, les gens qui s'efforcent de réussir s'entendent souvent dire que le contentement ne suffit pas – dès qu'ils atteignent un objectif ou un sommet, ils doivent viser encore plus grand, encore plus haut. Certains trouvent essentiellement du plaisir dans l'effort, si bien que lorsqu'ils sont parvenus à leur but, ils sont fréquemment en proie à une forme de désillusion et ne s'arrêtent qu'un instant avant de se mettre en quête d'un nouvel objectif. C'est un mode de vie très stressant que de passer son temps à chercher le bonheur au détour du chemin alors qu'il a toujours été à nos côtés. Il est possible de se sentir détendu et en accord avec sa nature profonde, de se laisser aller à être heureux, tout en étant très actif et en accomplissant beaucoup de choses. Ainsi, au lieu de courir d'une expérience ou d'une réussite à l'autre, nous nous donnons le temps d'apprécier chaque moment de la journée et d'accueillir toutes les émotions qui se succèdent sans peur ni jugement.

Nous nous épanouissons

Être heureux, c'est nous épanouir dans notre vie et non simplement survivre, et un esprit heureux peut nous guider sur la voie d'une existence épanouissante et riche de sens. Nous avons une telle chance de pouvoir éprouver le bonheur. D'être si nombreux à ne pas avoir à nous préoccuper de survivre au quotidien et pouvoir ainsi nous attacher à créer un monde meilleur, un monde plus heureux pour tous. Quand nous nous autorisons à être heureux, nous nous concentrons sur ce que nous faisons de mieux au lieu de nous soucier de nos défauts. Nous nous libérons du fardeau de la comparaison, de la culpabilité de ne pas être suffisamment doués, suffisamment séduisants, de ne pas avoir suffisamment réussi. Mentalement, cela libère tellement de temps, de force. Nous partageons notre bonheur, notre amour et notre compassion sans crainte ni timidité. Nous nous ouvrons aux possibilités que nous offre le monde, à sa beauté – et nous nous épanouissons.

Nous aidons les autres à s'épanouir

Nous en venons aux bénéfices essentiels du bonheur. Au-delà de l'épanouissement que nous apporte le bonheur dans notre vie, lorsque nous partageons ce bonheur, nous allons plus loin et nous aidons les autres à améliorer eux aussi leur existence. C'est un exemple simple, mais pensez à l'infirmière qui est heureuse dans sa vie et dans son travail – elle montre une véritable compassion pour ses patients et adoucit leur quotidien, même quand ils souffrent. Son sourire, sa sollicitude peuvent tout changer, non seulement pour les patients, contribuant même parfois à leur guérison, mais aussi pour les familles. Un peu de bonheur partagé peut être précieux.

Nous aidons le monde à s'épanouir

Lorsque nous nous sentons bien dans notre peau et dans notre vie, nous *faisons du bien*. Non seulement nous sommes plus affectueux avec nos proches, mais nous essayons par tous les moyens de contribuer à créer un monde meilleur. Qu'il soit modeste ou considérable, le moindre geste compte. En nous efforçant dans la mesure du possible de prendre soin de notre esprit et de nous améliorer, nous aidons à apporter un peu de paix dans le monde. Je dirais même que les plus grands héros sont les pacificateurs. Ne craignez donc pas d'être égoïste en découvrant votre bonheur, car c'est en étant heureux que vous pourrez le mieux veiller au bien-être des autres, apprécier ce monde merveilleux qui nous donne la vie et vous efforcer également de prendre soin de la nature.

Êtes-vous heureux aujourd'hui ? Êtes-vous heureux de votre vie ?

La plupart des gens sont heureux
dans la mesure où ils ont décidé de l'être.

Abraham Lincoln

Pour mieux comprendre le fonctionnement de l'esprit, prendre conscience qu'il est à l'origine de tout, il est nécessaire de se pencher sur ce que le bonheur et la souffrance signifient pour vous et ce que vous inspirent votre vie et vos interactions avec le monde.

Qu'est-ce que cela signifie quand nous disons *le bonheur est un état d'esprit* ? Pouvons-nous réellement décider d'être heureux ? Cela doit forcément dépendre des situations dans lesquelles nous nous trouvons et dont certaines échapperont toujours à notre contrôle ?

Il est vrai que les conditions extérieures de notre vie sont indépendantes de notre volonté, mais quelle que soit notre situation, nous sommes libres de choisir notre façon d'y réagir et de décider de celui ou celle que nous voulons être à tout moment. Cela paraît simple. Et on se demande pourquoi les êtres humains ont tellement de difficultés à trouver le bonheur, qu'au fil des siècles d'innombrables livres y ont été consacrés. Pourquoi les grands philosophes passent tous autant de temps à y réfléchir ? Mais ce qui est simple n'est pas nécessairement facile. Notre esprit est très complexe et possède une force considérable, mais cette force comporte aussi le risque de se tromper et de nourrir l'ego. Il existe donc de nombreux outils qui nous aident à choisir le bonheur, en nous permettant de mieux prendre soin de notre esprit et de laisser notre bonheur s'épanouir. Il en va de même pour l'arbre : si l'on s'occupe soigneusement du tronc en l'arrosant et en veillant à ce que la température soit idéale, il prend racine et devient robuste. Et tôt ou tard, apparaissent des branches qui portent des feuilles, des fleurs et des fruits. Mais si on délaisse le tronc et les racines, rien ne pousse.

Si nous prenons le temps de nous regarder, de regarder ceux qui nous entourent, notre place dans le monde, nous commençons à comprendre l'équation simple du bonheur : il vient de l'intérieur, il s'accroît quand on le partage, nous sommes libres de le choisir, et il est le meilleur moyen de devenir celui ou celle que nous voulons être. Nous pouvons alors arrêter de perdre du temps à nous inquiéter, et faire preuve de dynamisme et d'inventivité pour aider les autres par des actions positives et bénéfiques. Notre temps et notre énergie s'accroissent et nous nous rappelons chaque jour à quel point la vie est précieuse. C'est un sentiment d'harmonie, de profonde connaissance de soi et de tendresse inconditionnelle pour les autres.

La pureté et la simplicité sont les deux ailes qui permettent à l'homme de s'élever au-dessus de la terre.

Bouddha

Le bonheur est un équilibre entre nos plaisirs (qui changent souvent d'un jour à l'autre à mesure que nos humeurs et nos émotions varient) et notre niveau de contentement (qui nous permet d'évaluer si la vie est agréable et riche de sens). Il arrive que l'on se laisse aller à associer le bonheur avec le seul plaisir, en oubliant de nourrir le bonheur plus profond qui est en nous, ce que nous inspirent la vie et ce que nous sommes.

Nous dépensons *aujourd'hui* pour être heureux, mais nous souffrons à la fin du mois. Nous faisons un écart de régime aujourd'hui, car nous ne voyons pas clairement les conséquences réelles de nos actes. Nous confondons l'euphorie suscitée par le sucre ou l'alcool avec le bonheur. Nous semblons aussi passer beaucoup de temps à nous morfondre sur notre malheur – sur le stress et les pressions que nous subissons, sur ce que nous aimerions voir changer. C'est ce qui nous pousse à rechercher les doses de bonheur instantané, les plaisirs éphémères qui peuvent nous soulager momentanément.

Pour connaître un bonheur durable, il nous faut creuser davantage. Mais souvent, ce bonheur profond, épanoui, est plus difficile à saisir. Il est impossible de le créer en mangeant un aliment particulier ou en allant voir un film. Il n'est pas facile à définir et, quoi qu'il en soit, sa signification peut s'étendre ou évoluer au cours de notre vie. Nous ne retiendrons jamais le bonheur, nous ne le posséderons jamais – et si nous essayions, cela finirait par le détruire à long terme. Mais nous pouvons apprendre à le connaître et le considérer comme un ami proche, et non un étranger. Il est inutile de s'acharner à trouver le bonheur, de parcourir à sa recherche les passages obscurs qui forment la carte de notre vie. La seule chose à faire, c'est nous servir de notre esprit pour mettre en lumière ce qui se trouve déjà au fond de notre cœur et comprendre que nous devons simplement nous autoriser à être heureux.

C'est un sentiment rafraîchissant, une sensation d'espace. Et au lieu de nous jeter sur le premier divertissement, la première distraction venue, nous savourons cette vacuité, nous l'accueillons pleinement. Nous ne la remplissons pas de futilités, mais nous la laissons ainsi – car c'est notre nature. Grâce à la prise de conscience, il nous est non seulement un peu plus facile de laisser l'espace s'étendre entre nos pensées, mais également de reconnaître les sentiments d'agitation dès qu'ils surgissent et de nous en occuper aussitôt au lieu de constamment les refouler ou les fuir, au risque de les voir se transformer en blessures psychiques.

Il est important de traverser tout cela et de vivre pleinement, puis de développer sa prise de conscience afin de commencer à percevoir la différence entre les instants d'euphorie fébrile et ces moments où l'on éprouve un sentiment de bonheur profond, où l'on est relié à soi et au monde. Le bonheur intérieur est *toujours* là – c'est à chacun de le découvrir. Soyez-en sûr, même si vous ne sentez pas toujours sa présence. Et vous pouvez toujours compter sur vous-même et votre bonheur tout en vaquant à vos occupations quotidiennes.

2
Les obstacles au bonheur

S'il y a tant d'avantages à être heureux, pourquoi sommes-nous aux prises avec le bonheur ? Quels sont les obstacles qui se dressent entre nous et le bonheur, et nous empêchent d'être cet individu authentique, bon, généreux, épanoui que nous sommes en réalité ? D'où proviennent-ils ?

attachement à l'ego
comparaisons
jugements
cupidité
jalousie
inquiétudes
attentes
fierté
incompréhensions
doutes
regrets
croyances sur soi
peurs
attaches
arrogance
attentes
rigueur
colère
inquiétudes

Nous ne maîtrisons pas ce qui nous arrive ni ce qui arrive autour de nous : si nous n'avons pas assez d'argent pour avoir un toit ou de quoi manger, notre bonheur en sera affecté ; d'autres gens peuvent nous faire du mal ou tenter de le faire, ou nous pouvons tomber malades, être blessés dans un accident et beaucoup souffrir.

En revanche, notre bonheur et la vie que nous voulons réellement vivre, si nous écoutons notre cœur, dépendent en grande partie de nous. La vie que nous avons est si précieuse et chacun d'entre nous a tant de choses à apporter. Alors pourquoi nous laissons-nous crouler sous le fardeau psychique des attentes, des inquiétudes et des incompréhensions, créant des désaccords en nous et avec les autres, nous rendant malheureux à long terme ? Comment ces obstacles au bonheur se créent-ils au fil du temps ? Pourquoi sommes-nous souvent notre pire ennemi ?

Ce sont les barrières que nous créons dans notre esprit qui se dressent entre nous et notre bonheur, des murs invisibles construits avec nos peurs, notre impatience, nos jalousies, notre colère et toutes les opinions et les idées auxquelles nous nous raccrochons pour asseoir notre identité. Nous voulons que les choses soient conformes à nos attentes – tant et si bien que nous passons parfois à côté de nos chances de bonheur sans même avoir essayé. Ou nous figeons notre esprit dans le moule de ce que nous estimons être « bien », devenant ainsi trop fermes, trop inflexibles. Nous étouffons notre bonheur et nous nous fermons l'esprit, au lieu de lui laisser libre cours, afin de pouvoir s'ouvrir à toutes les nouvelles idées et les perspectives inspirantes qui peuvent se présenter.

Les racines de notre souffrance

Ce n'est ni ce que vous avez, ni qui vous êtes, ni où vous vous trouvez ou encore ce que vous faites qui vous rend heureux ou malheureux. C'est ce que vous en pensez.

Dale Carnegie

Avant de pouvoir commencer à réellement cultiver un esprit heureux, il nous faut comprendre la source de notre souffrance, les obstacles qui se dressent entre nous et notre bonheur. Cela peut paraître étonnant, mais lorsque nous examinons en profondeur ce qui d'après nous gâche notre bonheur, nous nous apercevons que toutes les souffrances proviennent de l'esprit.

Naturellement, dans les souffrances physiques, le corps éprouve des sensations parfois très intenses. Il n'y a aucun doute que l'on ressent une douleur tout à fait réelle. Cependant, même dans le cas de la douleur physique, le niveau de souffrance que l'on éprouve procède du psychisme – de la façon dont nous essayons de la surmonter, dont nous réagissons sur le plan émotionnel.

De même, quand nous perdons un être cher, le chagrin et la tristesse nous accompagnent le temps que nous guérissions de la douleur de leur disparition. Mais c'est au travers de ce type de souffrance que nous pouvons véritablement comprendre notre joie et notre bonheur. Cela nous rappelle combien la vie est précieuse, qu'il est important de vivre pleinement chaque jour, d'embrasser le présent au lieu de nous inquiéter pour l'avenir. Notre chagrin nous montre la force de notre amour et notre tendresse ; ensuite, c'est à nous de savoir si nous voulons retenir indéfiniment notre chagrin, au risque de miner notre bonheur et de rester piégés dans des profondeurs obscures, ou si nous avons le courage de laisser notre chagrin et notre tristesse s'éloigner.

Le bonheur conditionnel

Beaucoup de gens sont persuadés que s'ils parviennent à atteindre un but précis – perdre un certain nombre de kilos, obtenir d'excellentes notes à un examen –, ils seront heureux. D'autres se disent que s'ils continuent à supporter leur travail, ils en retireront du bonheur grâce à l'argent qu'ils pourront dépenser à la retraite ou l'assurance de pouvoir rembourser leur emprunt. C'est ce que les gens apprennent à penser – le bonheur doit être repoussé à plus tard ou soumis à des conditions. Mais si nous imposons des conditions au bonheur, nous nous limitons. Et si nous ne perdons pas ces kilos, si nous n'obtenons pas ces excellentes notes ? Cela change-t-il en quoi que ce soit ce que nous sommes ? Ces conditions doivent-elles nous empêcher d'être heureux ? Nous ne *méritons* pas d'être heureux – le bonheur est notre nature, il fait partie de nous, il ne s'échange pas. Ne mettez donc pas votre bonheur dans une boîte marquée « réservé aux grandes occasions ».

Les attentes

Dans mon enseignement, je parle beaucoup des attentes, qui sont aujourd'hui une véritable épidémie, empêchant beaucoup de gens d'être heureux partout dans le monde.

Nombreux sont ceux qui considèrent qu'elles sont bénéfiques – elles aident les gens à se battre pour réussir, à bien gagner leur vie pour subvenir à leurs besoins et ceux de leur famille, et à atteindre des sommets. Selon moi, cependant, les attentes sont liées au fait d'être excessivement motivé par le résultat, ce qui revient là encore à établir une liste de conditions ou d'objectifs à atteindre avant de pouvoir dire que l'on a « réussi » et s'autoriser à être heureux ; et si jamais on ne parvient pas à atteindre ces objectifs, on est déçu.

Si l'on s'exerce à être motivé par l'intention, on ne dépend pas d'un résultat, du moment que l'on a fait de son mieux. Quand on met l'accent sur le résultat, on est trop attaché à un avenir que l'on projette. Si on se concentre sur l'intention, on est plus présent – ce qui importe, c'est ce qu'on fait dans l'instant. Nos intentions sont basées sur nos valeurs, elles sont liées à ce que nous avons dans le cœur.

Il ne s'agit pas d'abandonner tous ses objectifs – si nous nous donnons pour but d'obtenir un diplôme ou une promotion professionnelle, par exemple, cela peut être très utile pour nous encourager à évoluer et exprimer tout notre potentiel –, mais d'accorder davantage d'importance à l'intention, à la raison pour laquelle on veut le faire au lieu d'être obnubilé par un résultat spécifique. Le paradoxe, c'est que plus nous nous concentrons sur nos intentions et nos valeurs, plus nous parvenons efficacement à réaliser nos objectifs, car ce que nous faisons dans la journée est en accord avec notre raison d'être. Le bonheur devient alors le voyage et non la destination.

Voici un exemple. Le matin, vous pouvez vous fixer des objectifs pour la journée, tels que passer davantage de temps en famille ou venir à bout de toutes les tâches à effectuer au travail. Et, à la fin de la journée, vous êtes déçu en vous apercevant que vous n'avez pas réussi à faire tout ce que vous vouliez faire. Si vous vous concentrez plutôt sur vos intentions, vous pouvez commencer la matinée avec le simple désir de dire aux personnes de votre entourage que vous les appréciez et de profiter au mieux de la journée. Vous vous concentrez sur ce que vous faites, au lieu de vous inquiéter de ce que vous n'avez pas fait. Même si vous ne passez qu'un bref moment avec ceux qui vous sont chers, c'est essentiel, car vous êtes là, avec eux, heureux de leur présence. C'est un changement de perspective.

Cela vous permet également d'être beaucoup plus flexible, ouvert à toutes les possibilités qu'offre un avenir incertain. Les attentes comportent le risque de nombreuses déceptions, alors que les intentions vous mettent dans un état d'esprit favorable où tout peut arriver sans que vous soyez attaché à un résultat particulier. La vie se déroule rarement comme prévu, pourquoi donc piéger votre bonheur en lui imposant le fardeau de l'attente ?

Quand on est perdu

Un des obstacles majeurs au bonheur est lorsqu'il y a une coupure entre ce que nous savons au fond de nous être la meilleure chose à faire et ce que nous faisons dans la réalité. Il n'est pas toujours facile d'accorder notre aspiration à notre pensée, nos paroles et nos actes, mais plus nous y parvenons, plus nous sommes productifs et en accord avec nous-mêmes.

Beaucoup de gens ont le sentiment qu'ils seraient bien plus heureux s'ils pouvaient trouver le juste équilibre entre leur travail et leur vie. Parfois, je me dis que nous oublions que le travail *est* la vie, et non quelque chose à part que nous acceptons avec résignation pour vivre confortablement le reste du temps. Ce que l'on ressent au travail devient un baromètre du bonheur, une succession de bons et de mauvais jours qui défilent comme des montagnes russes et peuvent être sabotés à tout moment par un patron, par le fardeau des responsabilités, par des problèmes ou l'impression d'être surchargé et au bout du rouleau.

Si jamais vous avez le sentiment d'être perdu ou de ne plus savoir quelle direction prendre, la méditation et la pleine conscience peuvent vous aider à voir la clarté intérieure qui se cache sous la surface agitée (*cf.* chap. 4). Ayez le courage d'aller de l'avant et d'être attentif au moment présent en regardant autour de vous pour voir ce qui se passe réellement dans votre vie. Décidez de balayer vos doutes et vos incertitudes et acceptez la journée telle qu'elle est.

Les habitudes de l'esprit

Nos habitudes mentales ont le don de se dresser entre nous et notre bonheur, et ce d'autant plus si nous n'avons pas conscience de leur force. Au fil du temps, nous établissons des schémas de réaction émotionnelle aux situations et aux gens – nous sommes anéantis par les critiques ou irrités par ceux qui nous bousculent, par exemple. Nous aimerions parfois réagir autrement, mais nos habitudes sont si enracinées que nous retombons dans le même travers sans même nous en apercevoir. Nous répétons indéfiniment les mêmes schémas négatifs de pensée et de comportement et nous ne savons pas comment rompre le cycle.

Nous concentrer sur le moment présent nous permet d'observer ces habitudes et ces schémas quand ils se manifestent et de comprendre ce qui les déclenche. En développant notre conscience de nous-mêmes, nous pouvons refuser de nous conformer à de vieux schémas de pensée et nous engager dans une nouvelle voie.

Les émotions négatives

La colère et ses auxiliaires – la frustration, l'impatience, l'intolérance, la honte et la culpabilité – sont extrêmement nocifs pour notre état d'esprit. Ils nous font mal sur l'instant, car ils nous brûlent, littéralement, et lorsque nous réagissons brusquement ou sans réfléchir face à des gens, des objets ou des situations, il nous arrive de lancer des paroles qui transpercent comme des flèches. Des souffrances mentales inutiles comme le doute, le désir et la cupidité nous envahissent l'esprit et peuvent même nous rendre mesquins. Elles créent de la distance, séparent. Nous voulons nous éloigner d'une personne ou d'une situation qui ne nous plaît pas, ou encore de nous-mêmes. Nous allons jusqu'à prendre une situation actuelle en la projetant comme une vérité universelle qui ne changera jamais : *Je serai toujours seul ; je ne serai jamais aussi heureux.*

Quand nous sommes en colère, nous n'avons pas les idées claires et nous avons tendance à faire des interprétations et des analogies hâtives. Si nous ne prenons pas garde aux mouvements de colère, ils peuvent se transformer en une colère plus générale à l'égard de la vie. De même, les autres émotions liées peuvent devenir habituelles, nous incitant à comparer, à éprouver de la jalousie ou à mettre en doute les intentions d'autrui, ce qui laisse peu de place à la joie et au bonheur dans nos pensées et dans nos cœurs.

C'est pourquoi il est si important de prendre davantage conscience de toutes nos émotions et de se réconcilier avec elles, d'explorer leurs sources, ainsi que celles des sentiments négatifs, et d'y trouver des remèdes – la patience, la faculté d'apprécier, la réjouissance, l'acceptation. Un esprit coléreux et jaloux ne peut jamais être heureux, aussi pour nous et ceux qui nous entourent, nous devons comprendre nos émotions et apprendre à nous en défaire.

L'attachement à l'ego

Dans nos enseignements, il est beaucoup question de l'« attachement acharné » et de l'impermanence. L'ego est l'ensemble de toutes les histoires, les croyances sur soi que l'on s'est forgées ou que les autres nous renvoient au cours de la vie. Lorsqu'on est excessivement attaché à cette identité, on se restreint et, par conséquent, on pose des limites et des conditions à sa perception du bonheur. Et de même que l'on se raccroche à son ego, ce dernier se raccroche à des biens matériels et des opinions pour se sentir en sécurité. Cela crée un sentiment sous-jacent de peur – peur d'avoir « tort », peur d'être un ou une raté(e), peur de ce que les autres pensent de soi.

Si vous n'êtes pas content de vous, c'est que vous n'avez pas appris à connaître votre véritable nature. Vous ne connaissez que votre ego, qui vous dessert et vous enferme dans le malheur. Ce qui vous déplaît dans votre personnalité ou dans vos actes n'est pas vous, et même si cela paraît impossible quand vous êtes rongé par le sentiment d'être mal dans votre peau, vous pouvez vous libérer peu à peu de ces étiquettes. En prenant soin de votre esprit, vous pouvez transformer vos pensées et vos actes. En d'autres termes, vous pouvez transformer votre vie.

Les relations

Si vous pensez être malheureux en raison de la façon dont les autres vous traitent, la première chose à comprendre, c'est que quoi qu'ils disent, quoi qu'ils fassent, vos réactions dépendent en grande partie de vous. Si votre bonheur est intérieur, il n'y a aucune raison pour que les circonstances extérieures aient une telle emprise sur lui. Nous avons parfois une perception exagérée ou très éloignée des intentions réelles d'autrui, en particulier lorsque nous entendons des paroles blessantes.

Il arrive parfois que vous ayez réellement l'impression qu'on veut vous nuire ou vous blesser, que ce soit verbalement ou par des actes. Il est difficile de ne pas en être affecté dans son bonheur, mais il faut bien comprendre que ce qui pousse ces gens à parler ou à agir de façon blessante en dit long sur eux, et non sur vous. Bien qu'ils soient dirigés contre vous comme une flèche empoisonnée, ces paroles et ces actes n'ont rien à voir avec ce que vous êtes, et découlent en réalité de l'incapacité qu'ont ces gens à comprendre qui ils sont.

Méditer et comprendre ceci peut vous aider à soulager votre sentiment de souffrance et à voir que les autres n'ont pas à être un obstacle définitif à votre bonheur. Vous pouvez vous concentrer à la place sur toutes les relations et les liens positifs de votre vie et les cultiver grâce à votre bonheur.

La peur et l'incertitude

Nous ressentons nos peurs et nos incertitudes dans notre corps ; ce sont des obstacles au bonheur qui nous nouent l'estomac et nous procurent une agitation et un malaise profonds. Mais le problème, ce n'est pas la peur en soi. Nos peurs sont parmi les meilleurs indicateurs qui soient pour évoluer, faire ce que nous voulons réellement faire et être ce que nous voulons réellement être.

C'est lorsqu'on laisse couver la peur et l'incertitude à l'idée de ce qui risque ou non d'arriver, au lieu de les affronter, qu'elles peuvent se dresser entre le bonheur et nous. L'ego se raccroche à la peur, mais notre véritable nature est libre et intrépide. Il suffit d'ôter tout ce qui s'est accumulé, sonder son cœur et voir le courage et la confiance qui y demeurent.

Si c'est la situation dans laquelle vous vous trouvez qui vous rend malheureux, vous pouvez entreprendre d'explorer les sentiments qu'elle vous inspire et voir si vous pouvez envisager ceux-ci – et la situation en question – sous un autre angle, au lieu de croire qu'ils ne vous procurent que du malheur.

Au bout du compte, quelles que soient les croyances sur soi, les circonstances ou les gens qui, selon nous, affectent notre bonheur, c'est à nous de décider de quelle façon nous voulons les appréhender ou y réagir mentalement. Sommes-nous irrités toute la journée sous prétexte qu'une réunion s'est mal passée le matin, au point de rentrer chez nous dans le même état ? Avons-nous tendance à assumer systématiquement les torts ou la responsabilité alors que nous ne sommes pas seuls en cause ? N'allons-nous pas jusqu'à hésiter à nous laisser aller au bonheur, de crainte de souffrir bien plus encore s'il nous était retiré ?

Les êtres humains semblent relativement plus à l'aise face à la complication, et même la souffrance, que face au bonheur ; il est plus facile de se plaindre que de se réjouir ; il est plus facile d'énumérer tout ce que nous n'avons pas fait aujourd'hui que de reconnaître tout ce que nous avons accompli. Nous nous drapons dans des attentes et des idées préconçues de ce qui devrait être ; nous craignons que le contentement et la paix entraînent la paresse.

Je crois qu'il est temps que vous vous libériez l'esprit pour laisser place au bonheur – il y a trop longtemps qu'il attend patiemment que vous veniez lui ouvrir. Plus vous vous autoriserez à être heureux, plus vous serez heureux demain et pour le reste de votre vie.

3
Un cœur heureux

Les uns recherchent le bonheur – d'autres le créent.

attribué à Ralph Waldo Emerson

Si nous commençons à appréhender intellectuellement l'esprit, c'est déjà bien. Si nous commençons à découvrir les sources de notre bonheur et celles de notre souffrance, c'est encore mieux. Mais cela ne suffit pas, car cette connaissance intellectuelle doit être ramenée au niveau du cœur. Lorsqu'on prend une décision, comme acheter une maison, par exemple, on a tous les chiffres et les données en main, mais ce qui l'emporte en définitive, c'est ce que l'on ressent au fond de soi ; c'est à cela que vous devez vous exercer davantage chaque jour.

Vous connaissez sans doute des gens qui semblent se connaître – qui sont à l'écoute de leur nature profonde. Ils éprouvent autant de tristesse, de colère et de désir que n'importe qui, mais ils savent habilement naviguer, y compris dans les situations les plus tendues. J'ai beaucoup d'amis qui n'ont aucune religion, mais qui sont simplement en accord avec eux-mêmes, ce qui fait d'eux des compagnons très agréables et stimulants. Même s'ils sont en quête d'évolution, ils profitent du voyage, quels qu'en soient les tours et détours.

Si nous ne nous identifions pas immédiatement à ce bonheur naturel, nous pouvons chercher à le développer. Nous pouvons apprendre à mieux connaître notre propre nature et découvrir notre bonheur. C'est ce que j'ai vécu.

Et si nous pouvions simplement choisir d'être heureux ? Et si nous décidions de nous débarrasser de toutes les conditions, les comparaisons, les attentes, pour nous concentrer sur toutes les opportunités et les choses réellement positives que nous avons dans notre vie, aujourd'hui ? Les gens ont peur d'être optimistes ou de voir le bon côté des choses de crainte de s'exposer à des déboires ou à des déceptions. Mais l'esprit optimiste ne s'attend pas à ce que chaque jour se déroule sans encombre ou comme prévu ; l'esprit optimiste a la flexibilité nécessaire pour accepter tout ce qui se présente et s'efforcer de voir les avantages potentiels de chaque situation. Un esprit optimiste ou heureux accepte pleinement les incertitudes de la vie et est moins attaché à la fois à tout ce qui est d'ordre matériel et aux situations.

Si tel est le cas, pouvons-nous donc exercer notre esprit à être plus heureux, non seulement dans l'instant, mais également de ce que nous sommes, de ce que nous avons fait et du regard que nous portons sur notre vie ? La bonne nouvelle, c'est que c'est possible.

Nous devons renouer avec notre nature profonde, intuitive. Cette pratique fait naître la compréhension, et grâce à celle-ci, non seulement nous avons l'esprit heureux, mais nous nous mettons à partager notre bonheur avec les autres tout au long de la journée – à travers nos pensées, nos paroles et nos actes.

Méditer et aiguiser votre attention sont deux outils extrêmement utiles pour amplifier votre voix intérieure afin de découvrir votre raison d'être et d'accorder ce que vous faites superficiellement à ce que vous dicte votre cœur. Vous pouvez alors porter un regard neuf sur ce qui se passe dans votre vie. Vous abordez différemment des vieux schémas qui se sont souvent répétés, ou encore des choses ou des gens dont vous avez toujours cru qu'ils vous empêchaient d'être heureux. Vous pouvez également envisager les problèmes qui surgissent brusquement d'un autre œil, ce qui vous permet de ne pas vous laisser déstabiliser par ce qui affecte d'ordinaire votre bonheur général. Vous pouvez marquer une pause… avant de réagir.

Avec un peu de pratique, vous commencerez à entrevoir les constructions mentales que vous avez laissées s'accumuler au fil du temps, les conditions et les exigences que vous imposez à la vie pour « être heureux ». Vous vous apercevrez peut-être que vous êtes extrêmement attaché à certains points de vue, certaines préférences, certaines répugnances – au point même d'en être tributaire ; que vous avez l'esprit étroit, fermé. Il est difficile d'être heureux quand on a l'esprit étriqué, aussi faut-il s'exercer à s'ouvrir pour laisser davantage entrer le bonheur.

N'hésitez pas à vous poser des questions franches :

- Que se passe-t-il dans votre vie ?
- Vous sentez-vous heureux ?
- Qu'est-ce qu'il y a de bien dans votre vie ?
- Qu'est-ce que vous voulez réellement améliorer ?

Il ne s'agit pas d'exercer une quelconque pression sur vous, mais de vous faire comprendre que la vision de la vie et le vécu se jouent en grande partie au niveau de l'esprit, et qu'il peut être très bénéfique d'y consacrer un peu de temps.

Si vous avez tendance à entretenir des pensées et des émotions négatives, alors que vous aimeriez vous sentir plus léger, plus heureux, il se peut que vous ayez un peu peur de passer du temps face à vous-même, face à vos émotions. Mais il est essentiel de savoir que même les émotions extrêmement négatives, telles que la jalousie, n'ont rien de permanent – elles vont et viennent et jouent un rôle important dans votre vie.

Rien ne nous oblige à nous attacher aux émotions négatives, et pourtant, certains tombent facilement dans ce piège. D'autres sont irrésistiblement attirés par l'optimisme et adoptent une attitude d'indifférence, prétendant que rien ne les atteint et décidant d'ignorer tout ce qui peut être négatif. Tout glisse sur eux comme sur les plumes d'un canard, rien ne les touche. Mais en choisissant la voie du milieu, nous maintenons un équilibre : nous ne sommes plus submergés par les émotions et les expériences négatives, mais nous ne laissons pas non plus notre ego s'étaler et tout renverser au passage.

Il faut que nous puissions nous regarder dans la glace sans frémir, et nous dire franchement ce que nous aimerions améliorer et ce à quoi nous devrions nous entraîner. Lorsque nous nous montrons à la fois sincères et bienveillants envers nous-mêmes, nous pouvons être sincères et bienveillants envers les autres, ce qui nous apporte beaucoup de paix et de bonheur intérieurement et dans notre vie. Nous développons notre faculté d'empathie et de compassion, car en étant plus attentifs et plus conscients de ce qui nous rend heureux, de nos points faibles, de nos travers, nous devenons plus sensibles aux besoins des autres et à la façon dont nous pouvons contribuer à leur bonheur. Nous avons moins tendance à tomber dans la critique et le jugement, et apprenons à être un peu plus tolérants, tout en nous efforçant de nous épanouir et de faire de notre mieux dans notre vie.

Si vous avez le courage de répondre présent et de vous dire qu'il est temps d'affronter ce qui se dresse entre vous et votre bonheur, vous vous donnerez la plus belle chance de votre vie.

4

Adopter un esprit heureux

Guide pratique de la méditation et de la pleine conscience

Si vous courez après vos pensées, vous êtes comme un chien qui va chercher un bâton : à chaque fois qu'un bâton est lancé, vous courez après. Soyez plutôt comme le lion qui au lieu de courir après le bâton se tourne vers le lanceur. On ne lance un bâton qu'une fois au lion !

Milarepa

Associées avec la pleine conscience au quotidien, les méditations sont d'excellents outils qui permettent à l'esprit de cultiver le bonheur. J'ai appris à méditer tout au long de ma vie et chez moi, c'est donc une seconde nature, mais je sais que la plupart de mes amis ont du mal à tenir en place, ne serait-ce que cinq minutes.

Voyons comment la vie moderne peut affecter l'esprit : beaucoup d'entre nous passons notre vie à courir après les pensées les plus échevelées, et comme nous n'exerçons aucun contrôle sur celles-ci, il arrive également que nos paroles et nos actes nous échappent. Nous réagissons aux situations au quart de tour, sans prendre le temps de comprendre ce qui se passe, ni nous accorder un peu de recul. Nous ne savons plus comment nous arrêter.

Le premier bienfait que l'on peut retirer de la méditation, c'est qu'elle peut contribuer à donner un sentiment de calme et une certaine paix intérieure, du moins pendant quelques minutes. La méditation rend nos pensées bienveillantes à notre égard : peu à peu, elles nous écoutent, au lieu de nous contrôler, ce qui nous permet de leur dire : « Laissez-moi tranquille cinq minutes. » Cette méditation de la tranquillité est un bon moyen d'apaiser un moment l'agitation de l'esprit – de lui accorder un repos bien mérité.

Pourquoi méditer ?

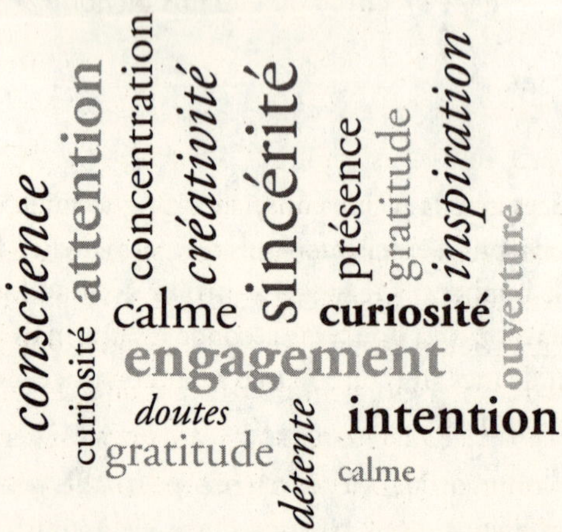

Si nous considérons la méditation uniquement comme une façon d'apaiser l'esprit, dès que nous reprenons nos activités quotidiennes, les mêmes habitudes mentales reviennent perturber notre équilibre. Je vais donc vous présenter les autres raisons pour lesquelles nous pratiquons la méditation et la pleine conscience, afin que vous puissiez non seulement apaiser votre esprit, mais le *transformer* et améliorer votre vie.

- La méditation permet d'apprécier davantage la vie. Cette faculté d'apprécier est toujours là, sous toutes les ruminations mentales, enfouie sous nos espoirs et nos peurs, mais la méditation permet de la mettre à jour quelques instants, afin que nous puissions l'éprouver pleinement.
- Lorsque nous nous servons de la méditation pour explorer nos sentiments ou reconnaître des blessures passées, afin de pouvoir nous en défaire, des émotions profondément enracinées, parfois pénibles, peuvent faire surface – des émotions que nous refoulons depuis toujours. Si nous avons le courage de regarder en face ces pensées et ces émotions dans le cadre protégé de la méditation, nous nous apercevons peu à peu que c'est à nous de voir si nous voulons ou non les laisser modeler notre réalité et assombrir notre vie. La méditation nous libère toujours l'esprit, en nous donnant une sensation d'espace intérieur, nous permettant ainsi de lui accorder du repos ou de contempler notre vie avec sincérité. Nous laissons libre cours à nos pensées et à nos émotions, sans les retenir.

- La méditation et le fait d'être plus attentifs à nous-mêmes et au monde qui nous entoure nous incitent à cesser de chercher le bonheur et à profiter de sa présence dans notre vie. Nous pouvons être heureux aujourd'hui au lieu de passer la journée à courir en essayant en vain de venir à bout de la multitude de tâches qui figurent sur notre liste pour nous autoriser enfin à être heureux – quand nous l'avons bien mérité.
- La méditation nous ouvre l'esprit et nous permet d'avoir un regard neuf, d'explorer le sens de notre vie et de nous améliorer. Nous nous libérons l'esprit des contraintes et des doutes, et nous ménageons de l'espace afin de nous interroger sur notre bonheur aujourd'hui.
- La méditation nous permet de comprendre la nature du temps et l'impermanence de toute chose en cette vie. Ce type de méditation nous permet de ne pas nous obstiner autant à attendre que la vie soit conforme à nos aspirations pour être heureux.
- Au travers de la méditation et de la réflexion, nous comprenons peu à peu comment fonctionne notre esprit, que toutes nos pensées ne sont que des perceptions, de simples façons de voir, tout aussi légitimes que d'autres points de vue.
- Nous pouvons méditer sur les relations que nous entretenons avec nos proches, nos amis, nos collègues, et les inconnus que nous croisons dans la rue. Traitons-nous les autres comme nous aimerions qu'ils nous traitent ? Lorsque quelqu'un nous contrarie, sommes-nous

capables de nous regarder en face en nous demandant ce que nous pouvons faire pour nous améliorer au lieu d'être si prompts à juger ou à critiquer les autres ?

- Nous pouvons également méditer sur notre rapport à tout ce qui est d'ordre matériel – à nos biens ou à l'argent, par exemple. Les laissons-nous circuler dans notre vie ou y sommes-nous excessivement attachés ? Lorsque nous commençons à nous raccrocher aux choses ou aux gens, notre esprit se rigidifie et nous assombrissons le bonheur qui est naturellement le nôtre en lui imposant des attentes et des conditions.

Rester assis pour contempler l'esprit

Nicole, qui est venue effectuer une retraite au monastère du mont Druk Amitabha au Népal, nous fait partager son expérience de la méditation.

Je trouve très utile la méditation couplée à l'apprentissage, la réflexion et la contemplation des aspects de l'enseignement ou de la philosophie – le Dharma, comme nous l'appelons –, qui est en réalité une méditation de la vie. Quand j'ai commencé à méditer, j'étais incapable de rester assise plus de quelques instants – cinq minutes, tout au plus, avec un peu de chance.

Je n'ai toujours pas l'esprit vide quand je médite, loin de là, mais mes pensées sont de plus en plus espacées. Il s'agit de regarder ses pensées, de les observer, mais de ne pas les retenir ; on les laisse s'en aller, s'éloigner peu à peu de la toile de l'esprit. Parfois, elles sont liées à un enseignement, comme la patience, par exemple, et il est intéressant de voir les pensées qui surviennent ; mais je les laisse également s'éloigner comme les images d'un film.

Au bout de quelque temps, le flot des pensées commence à ralentir, si bien qu'on commence à les distinguer plus clairement et à détecter un peu d'espace entre elles. C'est cet espace qui permet à notre bonheur authentique de venir du plus profond de notre être pour se révéler à nous. C'est un état d'esprit extrêmement agréable.

RELATIVISER

La méditation contemplative nous aide à nous défaire d'un esprit négatif. Elle offre un lieu de repos, une possibilité de réfléchir. Quand nous sommes pris dans des pensées négatives, nous nous appesantissons sur notre malchance : « Pourquoi moi ? » demandons-nous. Mais lorsque nous nous laissons aller à méditer en silence sur des émotions telles que la colère, la jalousie ou les peurs, nous pouvons les explorer sans nous sentir prisonniers. Nous sommes à même de nous demander sincèrement pourquoi nous éprouvons de telles émotions et de chercher les réponses en nous, au lieu de trouver des raisons qui échappent à notre contrôle.

Nous vivons souvent à un rythme si effréné que nous passons facilement à côté des occasions de méditer et de mieux comprendre la vie et qui nous sommes. Nous sommes trop survoltés ou trop anxieux pour prendre le temps de réfléchir. Quand nous sommes contrariés, en particulier, nous n'avons pas suffisamment d'énergie, ou peut-être d'estime de nous-mêmes, pour nous interroger.

L'esprit est le fondement – c'est la source de l'essentiel de notre bonheur et de notre malheur. Dans le bouddhisme, l'esprit est bien davantage que l'intellect ; nous considérons qu'il comprend également le cœur, notre « nature ». Chacun d'entre nous est relié par le cœur à l'univers tout entier, et celui qui parvient à pénétrer dans l'esprit verra l'univers.

Le yoga de l'esprit

Nous avons une pratique qui s'appelle Guru Yoga. C'est une série de méditations qui constituent une forme de yoga de l'esprit. Le Guru Yoga exerce l'esprit de la même manière que le yoga physique entraîne le corps à être plus fort tout en étant souple. Nous laissons souvent les émotions, le stress et les tensions contracter nos épaules (cela se voit à la façon dont les gens ont le dos voûté quand ils marchent ou sont assis), si bien qu'à l'heure actuelle, la plupart des gens ont un centre de gravité situé dans les épaules. Le yoga et la pratique de la méditation assise permettent de déplacer le centre de gravité sous le nombril, où il offre une meilleure stabilité.

Quand on se lance dans la méditation ou le yoga, on a souvent du mal à rester longtemps assis, le dos bien droit, on a envie de s'agiter, de bouger, on ne supporte pas d'être immobile. Il en va de même pour l'esprit. Il peut être très pénible au début de laisser l'esprit s'apaiser ; on préférerait presque qu'il continue à foncer à toute allure, fourmillant de distractions qui nous éloignent des questions essentielles de notre vie. Il faut faire un effort considérable pour rester immobile et se recentrer.

Je trouve fascinant que ces pratiques séculaires offrent une série d'exercices spirituels ou de méditations qui sont tout aussi précieux aujourd'hui qu'autrefois. Par exemple, au début, nous nous contentons de susciter notre motivation : nous nous souvenons de notre raison d'être dans la vie, qui est essentiellement d'aider autant de personnes et d'êtres vivants que possible. Pour nous qui sommes moines et moniales, c'est bien beau, me direz-vous, mais en quoi cela concerne les gens qui vivent dans la vraie vie ? Quand on y pense, cependant, la raison d'être de tous les humains n'est-elle pas de faire de leur mieux pour créer un monde meilleur ? D'apporter le bonheur et la sécurité à ceux qui leur sont chers ? De répandre la tolérance et la compassion ?

Nous recourons à la méditation pour visualiser la sagesse qui est en nous tous, notre nature profonde. Dans d'autres méditations, nous songeons combien la vie et la liberté intérieure sont précieuses, ce qui nous permet de nous libérer de nos entraves habituelles, telles que l'attente ou l'écueil qui consiste à se plaindre constamment de ce que nous n'avons pas ou de ce qui s'est mal passé aujourd'hui, au lieu de voir tout ce qu'il y a de merveilleux dans notre vie et les aspects positifs de la journée. De penser à la chance extraordinaire qu'est en soi la vie.

Nous nous servons également de la méditation pour réfléchir à la nature du changement et à son inéluctabilité. C'est incroyable que tant de gens se rendent malheureux, car ils redoutent le changement ou s'efforcent que tout soit parfait.

C'est un excellent moyen de nous aider à trouver ce qui nous motive, à définir notre intention et à aiguiser petit à petit notre sensibilité à notre sagesse intérieure, autrement dit notre bonheur intérieur. Cela nous permet également de commencer à prendre conscience de notre façon de penser, de parler et d'agir durant la journée. Souvent, nous ne nous apercevons même pas que notre corps, notre discours et notre esprit sont liés et que la nature de nos pensées influe sur la nature de nos paroles et de nos actes. Ainsi, il suffit que nous nous définissions une intention au début de la journée pour que nos schémas inconscients habituels changent peu à peu – ou s'ils ne changent pas dans un premier temps, que nous commencions à les discerner. C'est déjà un pas important qui nécessite un peu de pratique. Nous ne pourrons nous défaire des obstacles qui se dressent entre nous et notre bonheur que si nous sommes prêts à les reconnaître.

La méditation est un moyen de calmer le jeu pour permettre d'analyser en profondeur ce qui s'est passé dans la journée et de quelle façon nous évoluons sur le plan personnel. Elle offre également le temps et l'espace nécessaires à la réflexion ;

on peut se servir de la méditation pour réfléchir à un enseignement ou une question. Par exemple, si l'on a éprouvé de l'impatience dans la journée, on peut avoir envie de méditer sur l'intérêt de cultiver la patience et sur le fait que cela pourrait contribuer à lever certains obstacles qui s'opposent à notre bonheur. Si l'on réfléchit à la patience pendant la méditation, on est plus enclin à la pratiquer durant la journée.

Si vous méditez pour la première fois aujourd'hui, il est probable que vous ayez un peu de mal, voire que cela vous semble inutile, car vous aurez l'esprit qui court dans tous les sens alors même que vous essayez de méditer sur la patience. Mais avec la méditation, il faut être patient – vous voyez, la difficulté constitue déjà en soi une première leçon. Puis, *si vous persistez*, au bout d'une semaine ou deux, cela deviendra de plus en plus facile.

Pour y parvenir, il est nécessaire d'avoir l'esprit détendu et apaisé, et c'est pourquoi nous récitons des mantras avant de méditer. La cadence des mantras facilite la relaxation ; cela me donne l'impression de nager en mer. Dans cet état de détente, nous avons peu à peu la sensation de libérer de l'espace dans notre esprit afin de laisser place à la compréhension et à l'inspiration, au lieu de la masse de pensées futiles qui réclament habituellement notre attention.

La pleine conscience

Nombreux sont ceux qui voient la méditation comme une pratique spécifique que l'on réserve au début ou à la fin de la journée. Cependant, si nous voulons comprendre que l'esprit est le créateur de toute chose et imprimer à toute notre vie un sentiment de bonheur profond, nous devons introduire l'art de la méditation au cœur de la journée.

Aujourd'hui, on appelle cela la « pleine conscience ». C'est une pratique enseignée depuis toujours, non seulement par Bouddha, mais par de nombreux philosophes et guides spirituels. Et aujourd'hui, la science nous indique également de quelle façon nous pouvons nous aider nous-mêmes et aider les autres à trouver le bonheur.

Je dis souvent de la pleine conscience que c'est simplement *être dans sa vie*. Le fait d'être plus à l'écoute, d'aiguiser son attention permet de revenir dans le moment présent. Si vous parvenez à vous défaire de certaines des complications et des incompréhensions qui entravent votre capacité à aller de l'avant avec enthousiasme et passion, alors vous pouvez également vous investir avec curiosité dans l'instant présent.

Faire de la pleine conscience une habitude

La pleine conscience ne se réduit pas au simple fait d'être attentifs à ce qui nous entoure ; c'est la capacité de maintenir en permanence une conscience paisible du corps, du discours et de l'esprit, libre de jugements, de concepts et d'autoréférences. C'est à la fois une pratique et un état d'esprit. La pleine conscience doit devenir une habitude pour que chaque instant de notre vie, chaque souffle soit empreint de conscience et de lucidité.

Généralement, nous développons la pleine conscience étape par étape : tout d'abord la pleine conscience du corps, puis de la conscience en elle-même, puis la pleine conscience des sensations et des émotions et, enfin, la pleine conscience de la nature de l'existence ou des phénomènes.

- **La pleine conscience du corps** revient à considérer le corps comme une forme physique sans être attaché à l'ego – donc de voir le corps tel qu'il est, sans y accoler l'étiquette « mon » ou « je ». Prendre pleinement conscience de notre corps nous permet d'apaiser notre esprit agité qui passe constamment d'une idée à l'autre. De faire une pause.
- **La pleine conscience des sensations ou des sentiments** revient à reconnaître ses émotions et à les considérer comme des entités distinctes. Ne laissez pas vos émotions vous définir. Cette pratique permet de reconnaître ses émotions et d'y faire face.
- **La pleine conscience de la conscience** revient à observer son esprit et ses pensées ; ne formez pas de jugements ou d'idées. Vous reconnaîtrez les schémas de pensée, la façon dont ils se succèdent continuellement, l'un chassant l'autre.
- **La pleine conscience de la nature de l'existence** reconnaît la relation qui nous lie au monde extérieur. Cela nous aide à comprendre que tout est interdépendant – et cette compréhension est essentielle pour développer notre sagesse : les apparences sont trompeuses, tout est relatif et dépendant d'autre chose. Par exemple, pour comprendre la chaleur, il nous faut tout d'abord éprouver le froid ; le froid doit donc exister pour que l'on sente la chaleur. Savons-nous d'où vient

> notre nourriture ? Avons-nous la moindre idée d'où vient notre eau ? Si nous prenons conscience de ces petites choses qui appartiennent à la nature de l'existence, nous nous apercevons que notre propre existence dépend des autres. C'est la première étape qui permet d'accroître sa sagesse, son amour, sa bonté, sa compassion. La pleine conscience nous aide à devenir ce que nous voulons être.

Chaque jour, la pleine conscience ouvre à de nouvelles expériences, de nouveaux points de vue, incitant à apprendre des autres et à voir les choses autrement. On se défait peu à peu des étiquettes dont on se servait jusque-là pour interpréter le monde. On plonge dans le voyage de la vie, sans plus être obnubilé par l'issue ou la destination.

Parallèlement à la pleine conscience et à la méditation, n'hésitez pas à laisser votre esprit vagabonder, à permettre à votre imagination de s'affranchir des limites habituelles des croyances sur soi et des étiquettes. Créez un équilibre entre le recours à la méditation pour aiguiser votre concentration et le simple fait de mettre votre esprit au repos. Vous savez mieux que personne si votre esprit a besoin d'exercice ou de répit.

La méditation en pratique

Parfois, les gens qui débutent craignent de ne pas tout « bien » faire. Mais en réalité, nous sommes tous des débutants, même ceux d'entre nous qui pratiquons depuis des années. Ne vous inquiétez pas et sachez qu'il n'y a pas de bonne ou de mauvaise manière de méditer ; ce n'est qu'un fil conducteur qui vous aide à mieux vous connaître et à développer votre compréhension.

Posture de méditation

La posture de base a sept caractéristiques :

1. Les jambes en tailleur, celle de droite à l'intérieur.
2. Le dos droit.
3. Les épaules étirées comme les ailes d'un aigle.
4. La nuque légèrement inclinée.
5. Les yeux ouverts, fixés vers le bas, environ un mètre devant soi.
6. La bouche entrouverte, le bout de la langue touchant le palais.
7. Les mains sur le haut des cuisses, la paume droite posée sur la gauche, les pouces se touchant légèrement.

On peut méditer n'importe où – assis sur une chaise, debout, en marchant. Cependant, en restant assis dans la position décrite ci-dessus, le corps est bien posé au sol, ce qui contribue à ancrer l'esprit. L'essentiel est de se rappeler de bien ouvrir le torse et les épaules, afin de pouvoir inspirer à fond ; cette position d'ouverture du corps aide à ouvrir l'esprit.

Méditation du souffle

Pour cette méditation sur le souffle, restez bien droit et procédez de la manière suivante :

1. Bouchez doucement la narine droite avec un doigt et inspirez lentement et profondément par la narine gauche.
2. Retenez votre respiration quelques secondes à la fin de l'inspiration.
3. Bouchez la narine gauche, libérez la droite et expirez par celle-ci.
4. À présent, inspirez par la narine droite, en laissant la gauche bouchée. Retenez votre respiration à la fin de l'inspiration, puis expirez par la narine gauche.
5. Puis inspirez simultanément par les deux narines. Expirez assez fort pour évacuer autant d'air que possible.

Méditation de la lumière blanche, fumée noire

Cette fois, tout en inspirant, nous visualisons tous les aspects positifs du monde qui pénètrent en nous sous la forme d'une lumière blanche. En expirant, nous visualisons tous les aspects négatifs qui sont en nous – la colère, la jalousie ou la tristesse – en imaginant qu'ils ressortent sous la forme d'une fumée noire.

1. Commencez par une longue expiration par les deux narines – visualisez toute la colère, la haine, le karma négatif, la déception et le stress qui ressortent sous la forme d'une fumée noire.
2. Bouchez la narine gauche avec un doigt, inspirez profondément par la narine droite et gardez l'air deux minutes dans le ventre – visualisez tous les aspects positifs qui pénètrent en vous sous la forme d'une lumière blanche.
3. Puis bouchez la narine droite ; expirez par la narine gauche en évacuant tous les aspects négatifs sous la forme d'une fumée noire.
4. Inspirez de nouveau par la narine gauche toutes les pensées positives en les imaginant sous la forme d'une lumière blanche.
5. Bouchez la narine gauche et évacuez toutes les pensées négatives par la narine droite en les visualisant sous la forme d'une fumée noire.
6. Inspirez profondément toutes les bonnes pensées positives par les deux narines en les visualisant sous la forme d'une lumière blanche.
7. Expirez assez fort pour évacuer toutes les mauvaises pensées négatives par les deux narines en les visualisant sous la forme d'une fumée noire.

Cela constitue un exercice. On enchaîne généralement trois exercices ou plus, si vous préférez.

Méditation centrée sur le corps

Laissez votre esprit prendre soin de votre corps pendant la durée de cette méditation, en permettant à ce dernier de se détendre et de sentir que vous l'appréciez.

- Commencez par vous allonger sur le dos, soit sur votre lit, soit par terre. Fermez les yeux et posez les bras le long du corps dans une position naturelle. Laissez vos jambes se reposer, détendues, légèrement tournées vers l'extérieur.
- En inspirant et en expirant en dessous du diaphragme, prenez conscience des points de contact entre votre corps et la surface sur laquelle vous êtes allongé, et à chaque respiration, enfoncez-vous plus profondément dans le sol ou le lit, jusqu'à ce que vous vous sentiez lourd et posé. Concentrez-vous sur votre corps, en vous défaisant de vos tensions, vos soucis, vos espoirs et vos peurs.
- Ramenez votre attention sur votre respiration et observez votre abdomen qui se soulève et s'abaisse quand vous inspirez et vous expirez.
- Après quelques respirations, portez votre attention sur vos orteils. Vous pouvez imaginer inspirer une énergie blanche positive et concentrer cette énergie sur vos pieds. Explorez réellement vos sensations et imaginez vos pieds détendus et heureux. Relâchez toutes les tensions.

- À présent, ramenez lentement votre attention sur vos jambes, les mollets, les genoux et les cuisses. Si vous ressentez une douleur, projetez votre amour et votre énergie sur le point douloureux et détendez-vous.
- Portez votre attention sur les différentes parties de votre corps : respirez quelques instants pour vous concentrer sur vos mains en les remerciant de toute la créativité et la sollicitude qu'elles possèdent.
- Prenez conscience de vos organes, comme de vos membres. Ramenez votre attention sur votre cœur, en le remerciant de son extraordinaire capacité à ne jamais s'arrêter et de son battement qui est le rythme de votre vie. Remerciez votre estomac, qui vous procure des nutriments et de l'énergie puisés dans les aliments que vous mangez. Vos yeux vous permettent de voir ce monde merveilleux, du bleu profond des vastes océans à l'amour que vous voyez dans les yeux de votre compagne ou de votre compagnon. Vos oreilles vous permettent d'écouter afin d'être un ami précieux ; grâce à elles, vous entendez le rire d'un enfant, le chant d'un oiseau à l'aube. Vous goûtez des mets délicieux par la bouche et vous parlez avec aisance, en partageant votre bonheur avec ceux qui vous entourent, enseignant aux autres, les inspirant, apprenant constamment au travers des échanges et des relations. Avec le nez, vous appréciez la senteur d'une fleur, l'odeur du pain frais, de l'herbe fraîchement coupée, le parfum de la terre qui s'éveille

après le long sommeil de l'hiver, annonçant l'arrivée du printemps.

- Projetez votre force, votre amour et votre gratitude à toutes les parties de votre corps, particulièrement si vous avez des douleurs ou si vous vous sentez mal.
- Pour la dernière partie de la méditation, prenez conscience de tout votre corps : laissez-vous aller à la sensation relaxante de vous enfoncer dans le lit ou le sol. Exprimez votre gratitude à chaque souffle et, peu à peu, concentrez-vous de nouveau durant quelques respirations sur votre abdomen qui se soulève et s'abaisse.

Ouvrez lentement les yeux et, si vous le souhaitez, agitez les orteils ou étirez-vous doucement avant de vous lever. Veillez à avoir des mouvements calmes et détendus. Conservez votre calme et votre gratitude pendant le reste de la journée.

La vie est la méditation

Voir un monde dans un grain de sable
Et un paradis dans une fleur sauvage,
Tenir l'infinité dans la paume de ta main
Et l'éternité dans une heure.

William Blake, *Augures de l'innocence*[4]

En 2012, j'ai été invité au Centre de pleine conscience d'Oxford, où j'ai fait la connaissance de Mark Williams, qui effectue un travail remarquable sur la pleine conscience et ses applications dans le monde d'aujourd'hui. Il réussit de façon extraordinaire à intégrer une pratique séculaire dans la vie courante. J'ai été particulièrement frappé par un des commentaires de Mark : bien que la plupart des gens possèdent une carte, ils ne font pas le voyage à pied. C'est tellement vrai ! Nous sommes tous munis de toutes sortes d'informations – en fait, je crois même que nous souffrons d'une « surdose » d'informations –, mais notre compréhension n'est pas basée sur l'expérience. Nous apprenons des choses dans les livres et les cours, mais nous n'allons pas plus loin en décidant de les vivre.

La vie est la meilleure des écoles, aussi plus nous serons attentifs à notre façon de l'aborder et de la vivre, plus nous parviendrons à en apprendre sur nous-mêmes et à nous épanouir. Si nous voulons mettre de la joie dans notre vie, il nous suffit donc de l'observer de plus près ; et si nous voulons trouver le sens de la vie, il nous suffit de nous laisser aller à la vivre pleinement, accepter nos peurs et nos incertitudes et nous jeter à l'eau.

Certains croient qu'en se préoccupant des petits détails de la journée – le plaisir de boire un thé ou de faire la vaisselle –, on risque de passer à côté de l'essentiel ou de réelles occasions d'être heureux. Mais d'après moi, c'est en étant suffisamment attentifs au plaisir de boire un thé que nous nous ouvrons aux possibilités de la vie – nous profitons du voyage, au lieu de n'entrevoir une lueur de bonheur qu'une fois arrivés à destination. Nous savons mieux nous observer et observer notre esprit, ce qui nous permet de comprendre peu à peu l'origine du malheur et des souffrances psychiques, les racines de notre impatience, notre jalousie et notre colère.

Nous découvrons que nous avons bien plus de temps dans la journée que nous l'imaginions, tout en nous rappelant que la vie est courte et que nous ferions aussi bien d'être heureux.

Les chapitres suivants présentent les outils qui vous aideront à cultiver un esprit heureux, à découvrir et à embrasser votre nature profonde – une nature belle, confiante, active, investie, entraînée dans le flot de la vie. Il y a des « méditations de pleine conscience » que vous pouvez mettre en pratique pour créer des habitudes de bonheur. Elles vous rappellent d'être reconnaissant de ce que vous avez déjà dans votre vie, de vous réconcilier avec toutes vos émotions pour y être moins attaché, de partager votre bonheur et d'être présent, ici et maintenant, afin de pouvoir renouer avec vous-même, avec ceux qui vous entourent et avec le monde.

Deuxième partie

Cultiver un esprit heureux

Dès que tu avances sur le chemin, le chemin apparaît.

Rumi

Le Bouddha disait que la sagesse et la compassion sont comme les deux ailes de l'oiseau ; pour s'envoler, l'une et l'autre sont indispensables et doivent travailler à l'unisson.

De nos jours, nous pourrions également considérer la sagesse et la compassion comme la compréhension et l'action. Tous les enseignements ont pour objectif essentiel d'unir davantage nos pensées, nos paroles et nos actes. Tout commence, tout est créé dans l'esprit, mais si nous ne mettons pas notre compréhension en pratique, en action, nous oublions de suivre notre voie. Les chapitres de cette seconde partie du livre – dont le contenu est résumé ci-dessous – présentent les outils nécessaires pour renouer avec nous-mêmes, avec le monde et avec notre bonheur.

Choisir le bonheur

Dans la vie, il y a des choses que nous ne pouvons pas changer ou qui sont indépendantes de notre volonté, mais c'est à nous de décider si nous voulons ou non connaître le bonheur. Si nous ne souhaitons pas être plus heureux que nous le sommes aujourd'hui, c'est notre choix, mais si nous voulons éprouver un sentiment de bonheur plus profond, être des compagnons plus joyeux, la première chose à faire, c'est de définir notre intention et de choisir le bonheur, et non la souffrance. Le choix paraît simple, mais l'on a vite fait de s'habituer à une souffrance modérée et de se demander si cela vaut réellement la peine de sortir de notre zone habituelle d'*inconfort* pour nous aventurer dans des territoires moins connus.

Éprouver de la gratitude

Le bonheur est notre nature. Il est là, maintenant, mais nous devons penser à *remarquer* sa présence dans notre vie, au lieu de le poursuivre à tout prix. La gratitude éclaire notre bonheur intérieur, elle apaise les remous qui agitent la surface de notre esprit et nous encourage à marquer une pause pour réfléchir à tout ce que nous avons déjà dans notre vie – tout ce que nous avons déjà en main pour mener une vie heureuse et épanouissante. C'est un peu comme plonger sous les vagues pour découvrir la beauté des profondeurs sous-marines et la vie qu'elles abritent, cet univers de coraux et de poissons invisible à la surface. La gratitude aide peu à peu à cultiver notre aptitude au bonheur, en développant d'autres capacités, telles que la patience. Nous pensons à nous réjouir de tout ce qu'il y a de bien dans notre vie, au lieu d'être envieux des autres ou avides d'acquérir ce que nous n'avons pas. Apprécier ce que nous avons nous permet de profiter pleinement d'aujourd'hui et d'être moins anxieux du lendemain.

Se libérer l'esprit pour être heureux

À la naissance, notre imagination est sans limites et, au fil du temps, nous tissons un réseau de croyances et d'opinions qui forment des filtres à travers lesquels nous voyons le monde et nous le colorons. Nous imposons des conditions et des restrictions au bonheur, pensant que c'est une ressource limitée, si bien que nous finissons par limiter notre potentiel, nous accoler des étiquettes et en accoler aux autres. C'est l'œuvre de l'ego, qui aime tout classer dans des boîtes. Nous nous attachons tellement à notre identité que notre esprit devient étroit, inflexible, et qu'au lieu de nous adapter aux situations ou aux gens, nous avons tendance à souffrir en éprouvant de l'irritation, de l'impatience, voire de la colère. Il suffit de nous relâcher un peu et de comprendre que le changement est toujours possible pour ouvrir l'esprit et laisser entrer le bonheur à flot.

Changer ses habitudes mentales

Nos perceptions façonnent notre réalité. C'est grâce à l'esprit que nous forgeons notre monde et la place que nous y occupons. Nous nous habituons à voir les choses à notre façon et nous n'apprécions guère que les circonstances ou les gens ne soient pas conformes à nos désirs. Nous croyons que les autres nous rendent malheureux, ou que ce qui nous arrive anéantit nos chances d'être heureux, mais si nous prenons le temps de réfléchir, nous pouvons observer notre esprit et étudier son fonctionnement. Une fois que nous commençons à comprendre que nos pensées modèlent notre vision de la réalité, nous sommes plus à même de mesurer comment les possibilités de transformation dépendent de notre façon de voir la vie et de ce que nous allons faire aujourd'hui pour construire des lendemains meilleurs.

Accepter pleinement ses peurs

Quand bien même nous aimerions nous raccrocher aux rives de la certitude, la vie est par essence une grande inconnue ;

nous ignorons ce qui va se passer et cette ignorance peut faire naître la peur dans notre esprit. De la même façon, il arrive que nous nous servions des douleurs et des souffrances que nous avons connues par le passé pour influer sur notre vision de l'avenir : si nous avons connu des déboires, nous nous attendons parfois à en subir d'autres. En nous exerçant à choisir le bonheur, à nous libérer l'esprit pour être heureux, à changer notre regard et à apprécier chaque jour, il se peut que nous voyions nos peurs et nos incertitudes sous un autre angle. Nous découvrons que, derrière la peur, se cache la vie, et que derrière l'incertitude, se cachent des choses qui peuvent nous surprendre et nous ravir.

Se réconcilier avec toutes ses émotions

La vie est faite de hauts et de bas et nos émotions sont nos indicateurs. Par conséquent, nous ne devons pas les dissimuler, en particulier si nous voulons comprendre des émotions aussi difficiles que la colère ou la jalousie et travailler sur nous-mêmes afin d'être moins souvent confrontés à ces états pénibles. Nous devons nous réconcilier avec toutes nos émotions, qu'elles soient positives ou négatives, afin de commencer à comprendre d'où elles proviennent et ce qui les déclenche. Et plus nous sommes proches de nos émotions, aussi douloureuses soient-elles, plus il nous est facile de nous en défaire. En pratiquant les outils de la patience, de la gratitude, de la compréhension de la nature, du changement et de l'acceptation, nous découvrirons peu à peu que nos émotions peuvent nous traiter avec davantage de bienveillance. En apprenant à mieux observer notre esprit grâce à la méditation et à la pleine conscience quotidiennes, il se peut que nous sentions la chaleur de la colère se dissiper avant même qu'elle ne s'enflamme.

Cesser de comparer

Nous vivons à une époque de compétition et de comparaison, et si la compétition est un moyen de nous inciter à nous dépasser, elle crée dans notre esprit l'idée qu'il y a des gagnants et des perdants, générant ainsi de l'anxiété à la perspective de devoir nous situer par rapport aux autres sur une échelle imaginaire du succès, de la réussite et même du bonheur. Si bien qu'au lieu de nous réjouir du succès ou du bonheur des autres, nous les regardons avec envie et jalousie ; ou si nous connaissons nous-mêmes un grand succès, nous en tirons parfois une telle fierté que nous regardons les autres du haut de notre prétendue gloire. Ce chapitre nous incite à mettre de côté tous les ragots, les comparaisons, les jugements que nous portons sur autrui, pour nous employer à être fidèles à nous-mêmes, sans avoir besoin d'éloges ou de critiques.

Établir des relations authentiques

C'est en échangeant avec le monde extérieur et en établissant des relations que nous nous ouvrons à la possibilité de donner et de recevoir du bonheur, de l'inspiration, des enseignements, de la bonté et de l'amour. Et plus nous entrons en relation avec le monde, plus nous découvrons la beauté de la vie ; les relations nous inspirent et nous soutiennent quand nous en avons besoin, et nous offrent une multitude d'idées, d'expériences et de moments merveilleux. Nous devons apprendre à écouter, cultiver notre patience, nous former avec zèle à l'école de la vie, et ne jamais avoir peur de tendre la main aux autres.

Se laisser aller au chagrin

Vivre pleinement toutes ses émotions, au point de se laisser aller à avoir le cœur brisé, est une façon d'être vulnérable et, par là même, d'être plongé au cœur de la vie. Ce n'est qu'en comprenant la souffrance que nous pouvons réellement comprendre le bonheur.

Être attentif à aujourd'hui

Le meilleur moyen d'être heureux est d'être heureux aujourd'hui. Ne remettez pas cela au lendemain. N'attendez pas que toutes les conditions idéales soient réunies. Ne vous laissez pas décourager par la pluie… Ramenez votre corps et votre esprit dans l'instant présent et vivez pleinement votre journée. Débranchez le pilote automatique et soyez attentif aux détails. Appuyez-vous sur tous les aspects positifs et s'il y a des choses que vous aimeriez changer dans votre vie, commencez modestement, mais commencez dès aujourd'hui.

Rien ne vaut le présent pour être heureux.

5
Choisir le bonheur

Et lorsque la nuit s'assombrit, que l'injustice pèse lourd sur nos cœurs et que nos plans les plus étudiés semblent hors de portée – souvenons-nous de Madiba et des paroles qui lui apportaient du réconfort entre les quatre murs de sa cellule : « Aussi étroit soit le chemin, aussi nombreux soient les châtiments, je suis le maître de mon destin, je suis le capitaine de mon âme. »

Discours de Barack Obama lors de la cérémonie en hommage à Nelson Mandela

---

Comme le pensait Mandela, nous restons les maîtres de notre destin, même entre les quatre murs d'une cellule, car nous sommes les maîtres de notre esprit. Quels que soient les obstacles que nous rencontrons dans la vie, notre nature demeure constante. C'est notre essence, une force que nous pouvons cultiver dans les bons moments afin d'y puiser quand nous avons besoin de soutien.

Choisir le bonheur, c'est allumer l'interrupteur pour mettre en lumière tout ce que nous apprécions dans la vie. Nous avons parfois l'impression de ne pas avoir le choix dans différents domaines de notre vie, mais le nombre d'options et d'opportunités qui se présentent aujourd'hui peut être écrasant. Nous avons tant de décisions à prendre qu'on en oublie parfois que c'est à nous de décider d'être heureux ou non. Il arrive que l'on craigne tellement de se tromper dans ses choix que l'on retarde le moment de prendre une décision, en se réfugiant dans un *statu quo* confortable, quand bien même il ne nous plaît pas toujours.

En réalité, le seul obstacle à notre bonheur, c'est nous ; la seule chose qui nous retienne, c'est notre esprit, et c'est notre esprit qui peut également nous aider à voir notre bonheur, à le laisser embellir chaque jour de notre la vie. Mais tout comme le corps, l'esprit a besoin d'exercice pour entretenir sa forme et sa souplesse, relâcher les tensions de l'irritation et de l'impatience. On doit se ménager l'espace nécessaire pour observer son esprit ouvertement et sincèrement et être prêt à se défaire de la souffrance, des vieilles rancœurs, de l'angoisse du lendemain. Bien qu'ils nous desservent, ce sont des sentiments si familiers qu'ils procurent parfois un certain confort – qui sait ce qui peut arriver si on laisse tomber ses barrières ? On craint de s'exposer à des blessures plus douloureuses encore, des échecs plus cuisants ; on ne sait pas si cela vaut la peine de courir le risque.

Les gens ont du mal à se défaire de leur souffrance. Par peur de l'inconnu, ils préfèrent une souffrance qui leur est familière.

Thich Nhat Hanh

Choisir le bonheur aujourd'hui ne garantit pas ce qui arrivera demain ; mais en fait, aucun de nos mécanismes de sécurité ne nous offre de garantie – ils se bornent à nous limiter et à nous empêcher de vivre. Si nous commençons à nous préoccuper de notre esprit et à nous laisser aller à *être nous-mêmes*, cependant, nous aurons la force et la souplesse de choisir le bonheur tout en acceptant que la vie soit faite de hauts et de bas. C'est la seule façon de vivre avec authenticité, et lorsque nous sommes authentiques, notre bonheur rayonne, même s'il pleut, même si notre patron nous ignore ou que quelqu'un nous bouscule. Plus nous choisissons le bonheur, plus nous nous donnons de la force et du courage pour affronter les moments de la vie où le chagrin, la tristesse ou la peine nous mettent à genoux ; plus nous choisissons le bonheur, plus nous sommes clairs dans nos intentions – nous commençons à entrevoir le sens de notre vie, nous prêtons attention aux détails et au lieu de considérer que tant de choses vont de soi, nous sommes capables de contempler la beauté de ce que nous avons.

L'homme est responsable de ce qu'il est.

Jean-Paul Sartre

Une fois que vous avez déterminé ce qui est important dans votre vie, ce qui vous apporte du bonheur, c'est à vous de choisir de consacrer chaque jour plus de temps à ces choses ou à ces gens. Peut-être hésitez-vous à choisir le bonheur aujourd'hui de crainte qu'il ne vous soit retiré demain, mais le choix vous appartient, car votre bonheur ne dépend que de vous.

Notre inflexibilité, la peur de sortir de notre zone de confort et l'habitude de nous donner des prétextes sont peut-être les raisons essentielles de notre malheur et de nos échecs. Mon souhait est d'aider ceux qui sont en contact avec moi à se délivrer de toutes ces idées absurdes et à être libres. Il ne dépend que de vous d'être heureux ou malheureux. À vous de décider !

Trouver le bonheur en soi

C'est en associant l'expérience et la contemplation – la méditation de la vie – que Kirsty a compris qu'elle pouvait cesser de chercher le bonheur et le découvrir en elle :

> Je me rappelle qu'à seize ans, j'ai écrit une dissertation sur le bouddhisme au lycée. J'ai eu la meilleure note que je n'avais jamais eue en études religieuses. Il y avait quelque chose dans les paroles et les enseignements de Bouddha qui m'avait touchée au plus profond de moi ; peut-être est-ce l'aspect libérateur de ses paroles qui m'a valu une aussi bonne note.
>
> Bien des années plus tard, lorsque j'ai entendu les enseignements de Sa Sainteté Gyalwang Drukpa, je me suis aperçue que je cherchais la guérison et le bonheur en dehors de moi.
>
> J'avais essayé bien des voies dans ma quête spirituelle et personnelle. Par exemple, j'avais essayé de faire du yoga, du qi gong, de m'abstenir de viande, de caféine, de vin, tout un tas de choses. J'ai cherché le bonheur dans l'amour, en déménageant. Tout ce

temps, je puisais dans le monde extérieur pour tenter de combler le vide alors que tout ce dont j'avais besoin était en moi.

Je me souviens qu'en écoutant les enseignements et la sagesse de cette philosophie ancienne, j'ai commencé à entrevoir qu'il pouvait y avoir une autre vérité sur la réalité. J'ai senti que j'étais sur le point de découvrir la nature de l'esprit et le pouvoir qui est le sien d'aider et de guérir.

J'avais cherché en dehors de moi et il ne me restait plus qu'à chercher le Bouddha en moi. Dix ans plus tard, j'ai véritablement pris conscience que c'est mon esprit qui façonne ma réalité et, lorsque je suis confrontée à la mort, la tristesse, la souffrance et la douleur, je me sers des outils des enseignements et de cette philosophie spirituelle pleine de douceur pour m'envelopper dans un cocon de bienveillance et de tranquillité.

Naturellement, s'efforcer de pratiquer le pardon, la compassion, la patience et autres vertus est un apprentissage quotidien de la sagesse. Plus je m'y emploie, en mettant en pratique mes intentions, plus j'y prends du plaisir. C'est une continuelle méditation de la vie.

Quel regard portez-vous sur le monde ?

Ne pleure pas parce que c'est fini.
Souris parce que c'est arrivé.

Dr Seuss

Je ne nie pas que nous ayons tous des différences de tempérament ; certains sont plus aventureux que d'autres, ou encore plus optimistes ou plus timorés. Mais il est très dommage de s'arrêter là – quand bien même une large part de notre identité nous a été léguée par nos parents ou inculquée dès le plus jeune âge, puis s'est consolidée au cours des expériences que nous avons connues dans notre vie, je crois que si nous laissons l'esprit sonder ce qui se cache sous l'héritage et l'expérience, nous pouvons découvrir notre nature profonde.

Certains vont même jusqu'à se rabaisser plus ou moins, en se disant « généralement pessimistes », par exemple ; mais s'ils s'attendent au pire, il arrive qu'ils soient agréablement surpris par la réalité. J'ai rencontré une femme à Londres qui m'a raconté une petite histoire qui illustre parfaitement ceci. Elle visitait un des merveilleux musées de Londres avec sa meilleure amie. Après avoir passé un moment très agréable, elle a remarqué en sortant une sculpture extraordinaire suspendue au-dessus du hall circulaire du musée. « Tu as vu ça ! » s'est-elle exclamée en montrant la sculpture à son amie, qui a aussitôt répondu : « Je ne veux pas passer en dessous. Si jamais elle tombe, on sera tuées sur le coup. » Les deux femmes se sont regardées et ont éclaté de rire. Son amie avait suffisamment d'humour et de recul sur elle-même pour comprendre ce qu'elle venait de faire. « Oh ! là, là !, c'est typique de nous deux. Toi tu t'extasies devant une œuvre d'art et moi j'y vois immédiatement une catastrophe en puissance. » La première chose à faire, si l'on veut changer, c'est de prendre conscience que l'on en éprouve le besoin ou l'envie. En comprenant qu'elles avaient vu le même objet de deux points de vue différents, l'amie de cette femme a commencé à se rendre compte du pouvoir de l'esprit. Et s'il est peu probable que cela change du jour au lendemain, il est possible de s'appuyer sur ces moments de prise de conscience pour exercer peu à peu l'esprit à voir les choses sous un autre angle – choisir une autre perspective.

Il est essentiel que nous émergions du confort habituel des pensées pessimistes ou négatives en reconnaissant que cette approche est un choix et non quelque chose que nous pouvons ignorer en décrétant que nous sommes ainsi faits. Si nous ne laissons pas notre courage se manifester, nous nous interdisons de nous épanouir et de sauter le pas. Ne serait-ce que dans notre vie quotidienne, nous nous interdisons de voir la beauté qui nous entoure en nous focalisant plutôt sur les risques de danger. Naturellement, quand on décide de regarder le ciel, les arbres et le sourire des gens, au lieu de constamment chercher les fissures sur le trottoir, il arrive que l'on trébuche et que l'on se sente un peu ridicule. Mais si nous choisissons le bonheur, nous pouvons aussi décider de rire de nous-mêmes, même si nous tombons sur le derrière. Comme dit Oprah Winfrey : « Allez-y, tombez. Le monde est différent vu d'en bas. »

Se laisser aller à sa nature

Il paraît qu'aux États-Unis, le niveau de bonheur est en baisse alors que c'est un des pays les plus riches au monde. Le nombre de gens qui se disent optimistes a baissé d'un quart en l'espace de quelques années, alors que la richesse a augmenté. Cela montre à quel point l'esprit des gens peut changer – on a facilement tendance à croire que l'on est soit optimiste, soit pessimiste à la naissance, mais ce phénomène prouve qu'il est possible de passer de l'un à l'autre. Il est triste de voir qu'aux États-Unis, les gens ont une vision des choses de plus en plus sombre. Heureusement, la science s'aperçoit aujourd'hui que les pratiques comme la méditation peuvent les inciter à prendre davantage la vie du bon côté. Je crois que si l'on cesse de chercher le bonheur en dehors de soi en croyant le trouver dans ce qui est indépendant de sa volonté, et si l'on comprend que toutes les conditions sont déjà réunies en chacun de nous, on peut être optimiste, même dans les situations un peu plus pénibles.

Bien entendu, la vie est faite de hauts et de bas – pour beaucoup d'entre nous, c'est une route semée d'embûches et de détours, où se succèdent les bons moments, les épreuves ou les malheurs –, mais il est possible de rester solide au fond, comme un arbre solidement enraciné qui s'incline et reste souple même sous les vents les plus violents. Pouvons-nous choisir la voie du milieu, la voie de l'équilibre, afin de comprendre que la vie est merveilleuse à la fois quand les conditions extérieures nous sont favorables, et quand elles le sont moins ?

Un regain de confiance

J'ai le plaisir de connaître la famille de Suman depuis de longues années et leur soutien m'a toujours été précieux. Quand Suman s'est senti perdu, il y a quelques années, j'ai eu le privilège de pouvoir le guider pour l'aider à retrouver son chemin :

> Je suis originaire d'Inde, ma mère était sikh et mon père hindou. J'ai vécu chez les parents de mon père, et on m'emmenait aussi bien dans les temples hindous que les temples sikhs, si bien que la religion fait partie de ma vie depuis mon plus jeune âge. Puis est arrivé ce maître bouddhiste ; je me souviens de Sa Sainteté et de ses parents qui étaient venus séjourner chez nous quand j'étais enfant, et du bonheur que j'avais à être avec eux.
>
> Une des plus grandes leçons que j'en ai tirée est le respect qui existait entre Sa Sainteté et ses parents. Son père était également un Rinpoché et un grand maître ; sa mère était l'amour et la compassion incarnés. J'espère que la sollicitude qu'il manifestait à l'égard de ses parents a déteint inconsciemment sur moi.
>
> Quand j'étais jeune homme, j'ai commencé à perdre ma motivation. Mes parents avaient réussi et j'étais devenu très paresseux. J'avais un poste hautement rémunéré dans une compagnie pétrolière, mais au fond de moi, j'étais malheureux et je ne voulais plus

travailler. J'étais déprimé et les médecins m'ont prescrit des médicaments, mais ils n'ont eu aucun effet. J'étais tellement insomniaque que j'étais au bout du rouleau et ne voyais pas de solution.

Heureusement, à cette époque, je suis allé voir Sa Sainteté. Il m'a recommandé une méditation précise en me disant de ne pas prendre de cachets ce soir-là. La foi qu'il avait en moi m'a donné la confiance dont j'avais besoin, et j'ai donc médité, et pour la première fois depuis des mois, j'ai dormi profondément. Nous avons également discuté du fait que j'avais perdu l'envie de travailler et Sa Sainteté m'a aidé à voir les choses sous un autre angle. Il m'a dit que si je ne voulais pas l'argent pour moi-même, pourquoi ne pas en gagner pour les moniales ? Si je passais mes journées à ne rien faire, comment pouvais-je l'aider ? J'ai soudain compris que l'argent en soi n'est pas une mauvaise chose – c'est le rapport qu'on entretient avec lui qui peut être négatif ou positif. C'était à moi de choisir ce que l'argent représentait à mes yeux, et de voir les bienfaits qu'il pouvait apporter avec une motivation et des intentions justes. Sa Sainteté m'a simplement montré que l'on pouvait choisir. On peut toujours choisir.

J'ai découvert alors ce qu'était le respect mutuel. Sa Sainteté m'a montré qu'il avait confiance en ma nature profonde – qu'en dépit du fait que j'avais plongé dans une grande dépression, je gardais une force intérieure dont j'avais seulement oublié l'existence et que j'avais juste besoin d'un peu d'aide pour retrouver mes esprits. Sa Sainteté n'a rien demandé en retour, mais cet échange n'a fait qu'accroître le respect que j'éprouvais pour lui. Sa confiance en moi et son immense compassion m'ont donné confiance en lui et permis de retrouver ma confiance en moi.

Méditation de l'intention

Dans les enseignements bouddhistes, nous avons une prière d'aspiration, qui est une prière de *vœux*. Comme tous les enseignements, c'est une réflexion destinée à nous aider à nous améliorer et à vivre le Dharma, ce qui signifie vivre la vie. Cette méditation nous encourage à sonder notre cœur, trouver l'inspiration et susciter la motivation nécessaire pour mettre nos vœux – ou nos pensées – en pratique et les transformer en actes. En d'autres termes, il nous faut dans un premier temps aspirer à quelque chose, puis nous investir afin d'appliquer nos intentions à ce que nous faisons. De cette façon, nous unifions nos pensées, nos paroles et nos actes ; nous unifions notre esprit, notre cœur et notre corps. Et tout commence dans l'esprit : le créateur de tout.

Dans cette courte méditation, par conséquent, nous nous contentons de consacrer quelques minutes à définir notre intention et à susciter notre motivation, de la même façon que nous redémarrons notre ordinateur le matin.

1. Vous pouvez adopter la posture de méditation décrite p. 73 ou vous asseoir confortablement dans un fauteuil.
2. Portez votre attention sur le présent en pratiquant la méditation du souffle (*cf.* p. 73) pendant quelques minutes.
3. Concentrez à présent vos pensées sur les gens qui vous entourent – ceux qui vous soutiennent et vous aiment et ceux qui vous posent plus de difficultés. Concentrez-vous alors sur l'amour et la compassion que vous éprouvez pour tous les gens de votre vie et ceux que vous serez amené à rencontrer aujourd'hui.
4. Concentrez-vous sur le souhait qu'aujourd'hui toutes vos pensées, vos paroles et vos actes puissent aider les autres, inspirer ou enseigner, et soient empreints de patience ou de compréhension.
5. Maintenant, concentrez-vous simplement sur l'intention de faire aujourd'hui de votre mieux dans toutes les tâches et les échanges qui vous attendent.

Cela peut vous aider de lire les phrases suivantes, qui sont de simples mantras, puis de fermer les yeux pour vous ramener en vous-même et vous concentrer sur leur signification :

- Puisse mon intention être de me montrer attentionné envers ceux qui m'entourent et de les aider – les êtres qui me sont chers, mes collègues, tous les gens avec lesquels je serai amené à échanger aujourd'hui.

- Nous sommes tous dans le même bateau. Nous aspirons tous à être heureux et à ne pas souffrir. Quelles que soient nos différences, nous sommes tous pareils.
- Aujourd'hui, je ferai de mon mieux.

La liberté au travers de la discipline

Le bonheur est un choix qui exige parfois un effort.

attribué à Eschyle

Adopter de nouvelles habitudes, de nouvelles pratiques comme la méditation ou la pleine conscience, exige de la patience et de la discipline – cela nécessite une réelle volonté de changer, car nous savons que cela en vaut la peine. Toutes les démarches qui appellent de la discipline sont difficiles au début – l'esprit est habile à résister et à trouver des prétextes à ne pas changer. Mais n'ayez pas peur du changement ; changer, c'est être inspiré. N'ayez pas peur d'apprendre, de progresser – car en cultivant votre inspiration, vous inspirerez d'autres personnes à votre tour, et c'est un grand cadeau. Lorsque nous sommes inspirés, nous devenons bien plus attentifs, nous pouvons être spontanés et prendre des décisions rapides et audacieuses.

En sanskrit, discipline se dit *shila*, ce qui signifie rafraîchir ; lorsqu'on s'enflamme, mentalement ou émotionnellement, *shila* joue le rôle d'un ventilateur qui rafraîchit et détend. Chacun de nous a déjà éprouvé le sentiment de ne plus se contrôler soi-même (autrement dit son « esprit »), et l'on sait alors que ce qu'il nous faut, c'est de la discipline. Par exemple, quand on s'aperçoit qu'on a pris l'habitude de trop manger et que l'on a grossi ; ce qui était un plaisir n'est plus une source de bonheur, mais plutôt une envie irrésistible ou même une cause d'émotions négatives, comme la culpabilité. On a alors besoin de discipline pour rompre l'habitude, redevenir mince et retrouver la forme.

Quand on se décide à changer, les premiers temps sont souvent pénibles et très déplaisants. Mais si l'on persiste, en examinant son intention et en trouvant des moyens de se motiver et de s'inspirer, on parvient à un stade où la discipline devient semblable à *shila* – une fraîcheur intérieure, un moment de prise de conscience, où l'on s'aperçoit que l'on fait quelque chose qui est bénéfique pour soi ; on le sent au plus profond de son cœur, on le sait intérieurement.

C'est la raison pour laquelle il est essentiel de prendre soin de notre esprit. Il est impossible d'effectuer un changement – manger de façon plus saine, par exemple – si nous ne sondons pas nos pensées pour découvrir ce qui nous incite réellement à changer. Il est délicat de mettre les choses en pratique si nous ne sommes pas dans l'état d'esprit qui convient. Alors, nous nous rappelons que la vie est un don précieux. Nous nous demandons : pourquoi nous rendons-nous malades, physiquement et mentalement, en mangeant tant de choses qui sont mauvaises pour nous ? Nous nous rendons compte de la chance qui est la nôtre de pouvoir choisir ce que nous mangeons chaque jour, et nous nous rappelons que nous sommes en mesure de choisir des aliments qui nourrissent notre corps, de faire de l'exercice, de nous renforcer et d'améliorer notre condition physique. Et lorsqu'on associe une attitude positive et une démarche saine, l'effet est décuplé, car les deux s'entretiennent mutuellement.

Le bonheur naît donc d'une attitude saine. Peu à peu, nous comprenons que le bonheur ne dépend plus de facteurs extérieurs et que notre esprit détient la clé qui permet de découvrir ce qu'il y a en chacun de nous. Milarepa, le poète et le saint tibétain, disait : « Ma religion est de vivre – et de mourir – sans regret. » Ces quelques mots renferment notre aspiration à tous, je crois : bien vivre, être courageux, profiter le mieux possible de notre temps et être heureux.

MÉMENTO

LE CHOIX DU BONHEUR

- C'est à vous de choisir si vous voulez être heureux.
- Vous pouvez toujours choisir le bonheur, car le bonheur est votre nature.
- En choisissant le bonheur, vous développez votre résilience pour ces moments de la vie où vous vous sentez accablé.
- Quel regard voulez-vous porter sur le monde ? C'est à vous de décider.
- N'ayez pas peur de tomber ; sachez seulement que vous êtes assez courageux pour vous relever.
- Définissez votre intention chaque jour.

UN ACTE DE BONHEUR GRATUIT

Souriez à un passant : le sourire transforme le visage, la posture et l'attitude. Il est même contagieux : quand notre cerveau voit un sourire, on ne peut pas s'empêcher d'avoir envie de sourire à son tour. Le sourire est une sorte d'interrupteur du bonheur, qui a le pouvoir de dissiper la mauvaise humeur en un instant.

6

Être reconnaissant

L'existence soumise à de nombreux maux
est encore plus éphémère qu'une bulle ballottée par le vent.
Quelle notable merveille que d'inspirer après avoir expiré
et de se réveiller du sommeil !
Ainsi tout est impermanent et dépourvu de substance.

Nâgârjurna[5]

Nous passons notre temps à nous plaindre et à chercher des raisons d'être mécontents, voire furieux de notre situation et, malgré cela, nous espérons être heureux. Mais si, intérieurement, nous ne cherchons que les ennuis, comment pourrions-nous l'être ? Si nous ne savons pas faire preuve de gratitude et de satisfaction dans notre vie, nous passons à côté du bonheur.

Qu'y a-t-il de bien dans votre vie ?

Le bonheur effectif paraît toujours assez sordide en comparaison des larges compensations qu'on trouve à la misère. Et il va de soi que la stabilité, en tant que spectacle, n'ar-

rive pas à la cheville de l'instabilité.
Et le fait d'être satisfait
n'a rien du charme magique d'une bonne lutte contre le malheur, rien du pittoresque d'un combat contre la tentation, ou d'une défaite fatale sous les coups de la passion ou du doute. Le bonheur n'est jamais grandiose.

Aldous Huxley, *Le Meilleur des mondes*[6]

Les gens ont souvent tendance à s'intéresser à ce qui va mal dans leur vie, au lieu de prendre le temps de songer à ce qui va bien. Il est vrai que nous pouvons tirer des leçons de ce que nous qualifions d'erreurs. Et ces leçons nous permettent de développer nos facultés, notre compassion et la capacité de voir les choses sous un autre angle. Cependant, je me dis parfois que nous négligeons les enseignements que nous apportent les domaines de notre vie qui nous remplissent de joie. Le seul fait de mettre en évidence ces sentiments agréables les encourage à croître et à influer sur notre vie, ou du moins sur notre journée.

Pourquoi ne pas nous réjouir de ce que nous faisons bien et tâcher de progresser dans ces domaines ? Nous ne pouvons pas être bons en tout et si ce n'est pas une mauvaise idée de vouloir se dépasser en s'initiant à de nouveaux champs d'activité, nous pouvons aussi cultiver les talents que nous avons la chance de posséder. Ils deviennent alors des dons grâce auxquels nous pouvons améliorer d'une manière ou d'une autre la vie des gens. Lorsque nous sentons que nous sommes parfaitement adaptés à ce que nous faisons – que ce soit dans notre profession, nos relations ou n'importe quel aspect de notre vie –, nous n'avons pas besoin de passer autant de temps à poursuivre le bonheur, car nous l'éprouvons dans notre contentement et notre confiance sereine. Lorsque nous retrouvons la simplicité de bien faire, nous avons la chance de pouvoir nous rappeler l'essence de la vie.

Nous croyons facilement en l'aspect négatif des choses (c'est là que notre conviction est la plus forte) et nous ne nous fions pas à ce qui est positif. Mais pour améliorer notre vie, commençons par croire que le bonheur, la joie, la paix – tout ce qui est merveilleux – peuvent nous arriver. Si nous le voulons, nous pouvons être intrépides.

Au réveil, le matin, nous pouvons songer quelques instants aux personnes affectueuses qui nous entourent, au fait que nous avons un toit, une tasse de thé au saut du lit et de quoi faire un bon petit déjeuner dans nos placards. Puis nous pouvons penser avec gratitude aux maux qui nous sont épargnés : la maladie, par exemple, si nous sommes en bonne santé, la cécité, si nous voyons, l'absence de toit, si nous avons un foyer. Ce type de pensées contribue non seulement à faire émerger notre bonheur intérieur, mais aussi à aiguiser notre attention. En nous exerçant à réfléchir à ce qui, dans notre vie, nous donne envie de dire merci, nous y sommes plus attentifs et nous avons moins tendance à considérer que tout va de soi. L'autre avantage, c'est qu'en pratiquant ce type de réflexion, nous développons notre compassion envers les autres ; nous reconnaissons la souffrance et nous avons la force de la regarder en face, ce qui peut nous inciter à aider ceux qui en ont besoin.

Stimulant du remerciement

Depuis que j'écoute Sa Sainteté Gyalwa Dokhampa (fils spirituel de Sa Sainteté le Gyalwang Drukpa), j'écris mes remerciements tous les jours et cela m'encourage à garder un état d'esprit positif. Je suis affaiblie par une mauvaise toux et une otite, et mon mari a du mal à marcher à cause de ses douleurs à la cheville. Nous avons l'impression d'être un couple de petits vieux, mais prendre le temps de nous rappeler chaque jour de tous les aspects agréables de notre vie nous fait l'effet d'un stimulant.

Travailler ses points forts

Il ne faut pas avoir peur d'apprécier ce que l'on a dans sa vie, en se disant que cela risque de freiner son ambition ou son envie de toujours faire mieux. Il n'y a rien de complaisant à éprouver du contentement ou à se réjouir. Si l'on a le cœur et l'esprit emplis de gratitude, on peut commencer à vivre dans le présent au lieu de regretter le bon vieux temps ou de repousser le bonheur en estimant qu'il ne peut que récompenser l'accomplissement d'un objectif ou d'un rêve extraordinaires. On peut très bien se donner des objectifs et se battre, tout en s'autorisant à reconnaître ce qu'il y a de bien dans sa vie, là, maintenant. Plus on travaille ses points forts, plus on peut apporter une précieuse contribution au monde et à ceux qui nous entourent. En transformant ainsi son esprit, on nourrit ces aspects bénéfiques – les relations d'affection, par exemple –, et ceux-ci s'épanouissent davantage encore.

Même ceux qui ont plutôt une tendance au pessimisme qu'à l'optimisme peuvent apprécier ce qui est là, devant eux, au lieu de passer leur temps à s'inquiéter de l'avenir. De même, si l'on est d'un tempérament très optimiste, mais que l'on a la manie de sauter d'un projet à l'autre ou d'attendre avec impatience ce que réserve l'avenir, on peut se servir de ces moments où l'on apprécie sa vie, ici et maintenant, pour revenir dans l'instant et savourer le jour présent autant que la perspective du lendemain.

Cesser de se lamenter

Les gens ne comptent que leur malheur ; leur bonheur, ils ne le comptent jamais.

Fedor Dostoïevski, *Carnets du sous-sol*[7]

À mesure que nous apprenons à apprécier chaque jour, nous nous défaisons de nos idées de perfection – les « si seulement » : le cadeau de mon mari est ravissant, mais si seulement il m'avait emmenée au restaurant ; c'est un travail exigeant et passionnant : si seulement mon patron n'était pas aussi grincheux, je pourrais y prendre du plaisir…

Parfois, je me dis que nous nous compliquons la vie à loisir. Nous allons chercher le bonheur et l'inspiration si loin, alors qu'ils nous accompagnent depuis toujours. Je comprends pourquoi, cependant. Il suffit d'écouter les informations pour se dire qu'il ne se passe rien de bien dans le monde – ce n'est qu'une succession de mauvaises nouvelles, d'événements tristes, de violences. On se dit alors que la seule façon d'attirer l'attention, c'est de sombrer dans le mélodrame. « Si tu crois que tu as passé une mauvaise journée, attends que je te raconte la mienne », se surprend-on à dire. Imaginez un peu comme vous seriez plus heureux si vous bannissiez toutes les lamentations de vos pensées, ne serait-ce que vingt minutes par jour !

J'ai rencontré beaucoup de gens lors de mes voyages dont la capacité à apprécier chaque jour m'a beaucoup appris. Quand on leur diagnostique une grave maladie, il arrive souvent qu'après un premier moment d'abattement, les gens renoncent à se plaindre de choses sans importance et voient clairement à quel point la vie est un don précieux. Cela peut paraître morbide, mais quand nous acceptons la certitude de la mort, nous apprécions réellement la vie. C'est pourquoi les enseignements bouddhistes encouragent les gens à réfléchir à la mort, au lieu de l'enfouir dans un recoin de leur esprit. Si nous n'acceptons pas aujourd'hui que nous pouvons mourir à tout instant, comment faire pour vivre réellement ? Et au lieu de craindre la mort, appuyons-nous sur cette unique certitude de notre vie afin de nous encourager à abandonner toutes les conditions que nous imposons au bonheur. Il est inutile de repousser le bonheur à plus tard ; laissez-le pénétrer dans votre cœur et votre esprit dès aujourd'hui.

Voici un extrait du journal que j'ai tenu durant l'Eco Pad Yatra au Sri Lanka, un pays déchiré par la guerre, où nous avons pourtant rencontré la joie et la gratitude tout au long de notre marche.

Au-delà de l'hospitalité chaleureuse avec laquelle nous avons été reçus tout au long de notre traversée, qui a duré un mois, du sud au nord du Sri Lanka, nous avons été émus de constater l'harmonie qui pouvait exister entre les gens, au-delà des différences de religion et de couleur de peau. À chaque fois que nous avons pénétré des enclaves musulmanes et hindoues, non seulement le gîte et le couvert nous ont été offerts, mais aussi des prières. Personne n'a eu l'air contrarié de nous voir débarquer par centaines dans les villes, les villages et les lieux saints. J'avais du mal à croire que, dans un pays qui sortait de près de trente ans de guerre violente, les gens puissent continuer à vivre avec le sourire dans un esprit de pardon.

Nous avons parcouru à pied le pays du sud au nord et les autorités et les gens auraient eu du mal à nous dissimuler d'éventuels méfaits. Nous étions libres de communiquer avec tous. J'ai demandé à beaucoup d'entre eux comment ils faisaient pour ne pas souffrir après tout ce qu'ils avaient vécu. La plupart ont rendu hommage aux moines bouddhistes qui leur ont enseigné le karma, la gratitude, la tolérance et le pardon. Je sais que beaucoup de mes amis et de mes élèves doutent des enseignements, particulièrement du karma, mais au Sri Lanka, nous avons tous vu l'importance qu'avait le Dharma pour ces gens qui avaient connu trente ans de guerre. Tous les matins, avant d'aller travailler, les parents devaient répéter à leurs enfants qu'ils ne rentreraient peut-être pas – ils risquaient d'être tués dans des attentats terroristes. Ils leur disaient qu'ils devaient suivre les préceptes de Bouddha et continuer à vivre avec amour, patience et compréhension, car viendrait un temps où le mauvais karma serait épuisé et que la paix régnerait de nouveau. Cela résulte de la mise en pratique du Dharma.

Et d'un œil apaisé ainsi par le pouvoir
De l'harmonie, par la puissance de la joie,
Nous pénétrons la vie des choses.

William Wordsworth[8]

MÉDITATION DE REMERCIEMENT

En Amérique du Nord, la fête de Thanksgiving, le jour d'Action de grâce, est aussi importante que Noël, si ce n'est plus, peut-être, car elle est célébrée par des gens issus de toutes sortes de confessions et de communautés. La gratitude est le meilleur outil à notre disposition pour nous aider à faire émerger le bonheur qui est en nous. N'attendez donc pas un jour précis par an pour éprouver de la reconnaissance – consacrez quelques minutes quotidiennement à songer à tout ce qui vous inspire de la gratitude dans votre vie.

Tous les matins, au réveil, passez quelques instants à penser à tout ce dont vous pouvez vous réjouir dans votre vie :

- Pensez à vos proches.
- Pensez à votre corps et soyez reconnaissant de posséder des sens et d'être relativement en bonne santé.
- Pensez aux maux qui vous sont épargnés, comme la maladie ou l'absence de toit.
- Pensez à ce qui vous a inspiré récemment.
- Pensez aux aspects agréables de votre travail.

Cet exercice vous encourage à vous tourner à la fois vers l'extérieur et au-dedans de vous-même. C'est un moyen simple mais efficace de vous rappeler les richesses que vous avez déjà dans votre vie. Vous pouvez être reconnaissant d'être en bonne santé, d'avoir un toit, de vivre aujourd'hui une journée intéressante ou amusante. Et en remerciant intérieurement vos proches, vous vous apercevrez peut-être que vous avez tendance à vous concentrer davantage sur leurs bons côtés, ce qui vous encourage à leur montrer le bonheur qu'ils vous procurent en étant attentionné, affectueux et en leur demandant ce dont ils ont besoin pour les remercier d'être dans votre vie.

On tombe facilement dans le piège qui consiste à analyser ce que nous devons améliorer ou changer dans notre vie, à ressasser continuellement ces questions dans notre tête. Nous nous faisons beaucoup de souci à l'idée que quelque chose tourne mal, tout en oubliant de cultiver et de savourer tout ce qui va bien. Si nous nous exerçons à dire merci lorsque nous nous sentons relativement bien, cela nous est d'un grand secours dans l'adversité. Les habitudes de bonheur qui se créent ainsi nous donnent une force et une résilience profondes.

Quand on pratique cette courte méditation chaque jour, on appréhende la vie de façon plus aisée, plus heureuse. C'est le plus sûr moyen de se lever du bon pied.

Sois content de ce que tu as :
réjouis-toi de la réalité telle qu'elle est.
Quand tu comprends que rien ne manque,
le monde entier t'appartient.

Lao Tseu, *Tao Te King*[9]

Les épreuves sont aussi des bienfaits

Nous devons également apprécier les difficultés qu'il nous arrive de rencontrer – sans difficultés, nous n'apprenons pas. Quand les gens sont cruels avec nous, quand ils racontent n'importe quoi sur notre compte et nous critiquent injustement, nous pouvons être déprimés et les détester ou, au contraire, en profiter pour réfléchir à ce que nous avons pu faire de mal et à la façon de nous améliorer. Souvent, ce sont les gens qui nous créent d'énormes difficultés qui nous aident à progresser en rendant le voyage bien plus intéressant. Alors, au lieu de nous laisser dominer par la haine et le chagrin, profitons de l'occasion pour saluer ces gens et leur souhaiter une bonne journée.

Souvent, nous nous joignons aux autres pour nous plaindre d'une personne ou d'un groupe en particulier, car notre ego a pris le pouvoir, nous mettant sous l'emprise de nos émotions. Écartons-nous alors du cercle vicieux des commérages. Si vous vous retrouvez dans cette situation, le plus sage est de garder votre flegme et de vous éloigner. Ça les regarde, pas vous. En pratiquant la méditation, il vous sera de plus en plus facile de vous tenir à distance, et d'apprécier les bons côtés et les aspects plus difficiles de la vie. C'est le meilleur outil pour cultiver votre esprit, votre bonheur.

Être inspiré

Si le jour et la nuit sont tels que vous les accueillez dans la joie, et si la vie embaume comme les fleurs et les herbes odorantes, si elle est plus souple, plus étoilée, plus immortelle, – alors vous tenez votre succès. La nature tout entière vous félicite, et à cet instant vous avez bien raison de vous réjouir. Les valeurs et les bénéfices les plus grands sont ceux qu'on apprécie le plus difficilement. Nous doutons aisément de leur existence. Peut-être que les faits les plus étonnants et les plus réels ne sont jamais communiqués à l'homme par son semblable. En un sens, la vraie moisson de ma vie quotidienne est aussi intangible et indescriptible que les teintes du matin au soir. C'est un peu de poussière d'étoile saisi au vol, un fragment d'arc-en-ciel que j'ai attrapé à la main.

Henry David Thoreau, *Walden*[10]

La vie se réduit aisément à un schéma ou à une série d'habitudes quotidiennes et de listes de choses à faire. Les jours filent à toute vitesse, mais nous avons la vague impression de ne pas en profiter réellement. Nous savons que la vie est précieuse, mais nous avons beaucoup de responsabilités ; comment tout laisser tomber pour trouver notre inspiration ?

Et puis soudain, nous nous perdons – ou plutôt nous nous trouvons – dans le moment présent : nous lisons un beau poème, nous voyons un couple qui se tient la main, nous préparons un repas délicieux, nous progressons de manière décisive dans notre travail. Ces instants sont des offrandes qui nous ouvrent au bonheur.

Nous sommes enchaînés par nos habitudes mentales et émotionnelles et nous vivons soudain des moments qui nous révèlent l'étendue de notre esprit et de l'univers qui nous entoure. Ces moments que nous offre par exemple la nature chaque jour au lever et au coucher du soleil. Une femme m'a raconté qu'elle était allée assister au coucher du soleil au solstice d'hiver, le jour le plus court de l'année, mais qu'elle craignait de ne rien voir, car le ciel était très nuageux. Elle contemplait une vallée de la campagne anglaise du haut d'une colline et s'apprêtait à rebrousser chemin quand, soudain, une minuscule fente était apparue dans les nuages et le soleil avait percé. Elle n'attendait rien, mais elle est rentrée chez elle avec le sentiment que tout était possible – grâce au soleil.

Quand nous sommes inspirés, nous regardons à la fois au-delà et au-dedans du quotidien, et nous voyons ce qui est réellement important dans la vie, nous comprenons le sens de celle-ci, chaque jour. Quand nous sommes inspirés, il est tellement plus facile de nous concentrer, de plonger dans le flot de la vie et d'être efficaces – nous avançons d'un pas léger, prêtant attention aux détails, nous sommes heureux et rendons les autres heureux. Le sentiment alors d'avoir de la chance nous envahit. L'inspiration nourrit notre sagesse intérieure et même notre corps ; un aliment, un contact humain, des mots, même une promenade dans la nature nous réjouissent.

L'inspiration mène à l'action

D'une certaine manière, l'inspiration nous aide à déterminer ce que nous voulons faire, même si ensuite la décision d'agir nous appartient.

Nombreux sont ceux qui croient que les bouddhistes passent leur temps à réfléchir sans jamais agir, mais c'est plutôt que nous avons besoin de réfléchir afin de pouvoir passer à l'action. En d'autres termes, si l'intention, la motivation ou la détermination ne sont pas au rendez-vous, nous nous heurterons tôt ou tard à des difficultés au moment d'agir. C'est comme si l'on décidait un matin au réveil de se mettre aussitôt au régime – on risque fort d'être étonné ou déçu par soi-même en voyant que l'on abandonne quelques jours, ou même quelques heures plus tard. Mais si l'on espère que le corps peut changer instantanément sans agir tout d'abord sur l'esprit, on va au-devant d'un échec.

Apprécier chaque jour permet à chacun de voir ce qui l'inspire et à se saisir de cette inspiration pour passer à l'action. On n'est plus à la traîne de ses rêves ; on *est* ses rêves, instant après instant, jour après jour. On revient au cœur de soi-même et de ce que l'on fait.

Quand on se donne l'espace nécessaire à l'inspiration, on a souvent envie de partager son inspiration, sa joie, avec d'autres. Plus on se sent heureux, plus on est généreux. On est davantage à l'écoute des autres, on dépasse la peur de ce qui peut ou non arriver dans sa vie, et on s'ouvre au champ des possibles.

Trouver son inspiration

Au lieu d'attendre que l'inspiration vous trouve, pourquoi ne pas la chercher dans votre vie, dans le quotidien. Je sais que vous la trouverez. Soyez aimable, soyez bon… commencez par cela et vous ne tarderez pas à voir ce qui vous inspire. La faculté d'apprécier chaque instant et l'inspiration sont de fidèles alliées. Le seul fait de passer quelques instants chaque jour à songer à ce qu'il y a de bien dans la vie donne une énergie paisible, mais considérable.

Je me sens inspiré par la nature, par les gens, par tous les êtres vivants, chaque jour. De la plus petite fourmi à la plus haute montagne, il y a toujours une raison de s'émerveiller. Et dans la vie, mon travail consiste simplement à rappeler aux gens la bonté qu'ils ont dans le cœur et leur capacité d'amour et de compassion envers les autres – pour que la vie les inspire, et que tous nous apprenions à partager le plus possible.

En bref : l'inspiration mérite notre attention, car la vie mérite notre attention. Tout comme ma mère entretient son jardin, par exemple, nous pouvons tous cultiver ce qui nous inspire. En nourrissant nos propres talents, nous avons tellement plus de choses à donner ; nous pouvons trouver de grandes joies dans le travail et les loisirs, être plus sereins, plus détendus avec les autres. Nous pouvons laisser tomber les absurdités qui régissent fréquemment notre quotidien pour nous concentrer sur l'essentiel. Nous détacher du besoin d'éloge ou de critique, et même être inspirés par nos erreurs – dont l'on tire bien souvent les plus grandes leçons. Nous pouvons même être inspirés par nos peurs, car le dépassement de celles-ci est un facteur de transformation extraordinaire. Nous pouvons vivre avec audace.

MÉMENTO

LA GRATITUDE

- Si intérieurement, vous ne cherchez que les ennuis, comment pouvez-vous être heureux ?
- Réjouissez-vous de tout ce qui est bien dans votre vie.
- Si vous êtes découragé, pensez à quelque chose dont vous êtes reconnaissant – cela stimule aussitôt l'esprit.
- Travaillez vos points forts.
- Sachez que les épreuves sont aussi des bienfaits.
- Soyez attentif à ce qui vous inspire.

UN ACTE DE BONHEUR GRATUIT

Choisissez une chanson et dansez comme si personne ne vous regardait : relâchez vos tensions en vous remuant, laissez votre corps libre de ses mouvements et bougez à votre guise. Vous avez envie de vous étirer ? Vous avez envie de vous balancer ou de sauter ? Allez-y – dansez, riez et laissez-vous aller.

7

Libérer son esprit pour être heureux

La liberté se confond avec le bonheur
et le courage avec la liberté.

Thucydide[11]

L'esprit peut être une prison et l'esprit peut nous libérer ; nos chances de bonheur sont souvent minées par les habitudes et les schémas mentaux. Ce chapitre examine donc la manière dont vous pouvez vous défaire de vos entraves psychiques et laisser vos pensées suivre leur cours, sans être bridées ou encombrées par des croyances limitantes sur vous-même ou les autres.

Au-delà de l'ego

Pourquoi restes-tu en prison
alors que la porte est grande ouverte ?

Rumi

Avant de commencer à desserrer les liens invisibles mais puissants qui se sont créés puis renforcés chaque jour grâce à nos habitudes mentales, intéressons-nous de plus près au concept de l'ego. Comme nous l'avons vu plus haut (*cf.* p. 49-50), l'ego est fait de toutes les croyances sur nous-mêmes et sur le monde tel que nous le projetons, qui se sont accumulées au cours de notre existence. Elles se renforcent tellement au fil du temps que nous les prenons pour des vérités. Si nous nous identifions avec notre ego, c'est que nous ne voyons pas qu'il y a quelque chose en nous de plus profond et de plus authentique, car l'ego n'existe bel et bien qu'à la surface de l'esprit – telle une couverture dissimulant notre sagesse et notre nature profonde.

L'ego est un tissu d'histoires qui commencent dans l'enfance : dès l'instant où l'on nous accole des étiquettes – « polisson », « timide », « bavard » –, l'ego prend racine. Peu à peu, au fil du temps, nous formons une image de nous-mêmes et du monde qui nous entoure. C'est tout à fait normal – nous sommes des êtres subjectifs et non objectifs. Mais si les problèmes surgissent, c'est que nous n'avons aucunement conscience que l'ego est en réalité basé sur des perceptions ; contrairement à ce que nous croyons, ce n'est pas une vérité absolue.

L'ego est obnubilé par « moi » et « mon », il a des idées très arrêtées, et pour que nous nous sentions heureux et en sécurité, il aime que les choses soient conformes à ses attentes. Mais nous l'avons vu, l'ego nous enferme souvent dans la souffrance en raison de sa propension à rester attaché aux choses ou aux gens dont nous croyons qu'ils nous rendent heureux aujourd'hui, ou aux choses ou aux gens dont nous croyons avoir besoin pour être heureux demain.

L'ego a une grande force, mais guère de souplesse, et il est donc fragile et facilement blessé. Songez à l'humiliation cuisante que vous infligent la moindre critique ou ces gens qui vous regardent de haut. Mais pensez aussi à la facilité avec laquelle votre ego tombe dans le piège qui consiste à critiquer ou à juger les autres en fonction de votre façon de voir. Souhaiter que les choses soient conformes à nos attentes est tout à fait compréhensible – nous avons tous des rêves et des désirs que nous espérons voir se concrétiser. Mais c'est l'acharnement avec lequel nous y sommes attachés qui peut être la source d'une grande souffrance mentale.

Imaginez par exemple que vous alliez travailler un jour, bien décidé à rester positif et à ne pas vous laisser abattre par votre patron ou vos collègues, et ce quelles que soient les circonstances. Sur ce, votre patron vous critique devant tout le monde. Vous êtes piqué au vif, vous brûlez d'indignation, de honte peut-être ; vous êtes embarrassé et vous vous demandez pourquoi vous avez pris la peine de venir travailler dans un esprit positif si c'est pour vous faire humilier par votre patron sans pouvoir rien faire. Vous vous sentez impuissant et vous avez envie de démissionner, mais vous êtes coincé, car vous avez besoin de gagner votre vie pour payer votre loyer, rembourser votre emprunt, faire face aux autres dépenses.

Beaucoup d'habitudes émotionnelles et mentales sont ici en jeu. Malgré toutes vos bonnes intentions du début de la journée, dès que votre patron dépasse les bornes, vous retrouvez aussitôt vos réactions habituelles, et celles-ci vous gâchent la journée. Même le corps s'y met en se liguant avec l'esprit pour vous donner la sensation de brûler intérieurement. Mais heureusement, avec un peu de pratique, vous pouvez apprendre à créer un peu d'espace autour de vos réactions, pour ne pas vous cramponner toute la journée à votre indignation ou à votre embarras, quand bien même vous continuez à penser que votre patron n'avait pas à vous critiquer devant tout le monde. En aiguisant votre attention ou en pratiquant la pleine conscience au quotidien, vous commencez à repérer et à observer vos habitudes mentales, ce qui est la première étape indispensable pour pouvoir les transformer.

La répétition des mêmes schémas

Comment les habitudes mentales se créent-elles au fil du temps ? Elles sont au service de notre ego et, d'une certaine façon, elles semblent presque nous faciliter la vie en nous donnant le sentiment de savoir qui nous sommes et comment nous réagissons aux situations ; cela peut-être relativement réconfortant de savoir où nous en sommes. Cependant, les habitudes incitent l'esprit à la paresse, si bien que les émotions négatives comme la honte, la colère ou la jalousie surgissent sans même que nous nous en rendions compte et nous consument intérieurement.

Certains se raccrochent aux habitudes ou aux schémas mentaux afin de se dissuader d'effectuer des changements ou de prendre des risques. Ils se réfugient dans leurs habitudes : « Je ne suis pas du genre à aimer voyager dans des endroits que je ne connais pas » ou : « Je suis toujours attirée par des hommes qui ne sont pas faits pour moi. » Ces croyances sur nous-mêmes masquent notre confiance et, par là même, notre bonheur.

Les croyances limitantes sur soi

Apprenez à vous estimer, autrement dit,
battez-vous pour votre bonheur.

Ayn Rand

Voici quelques aspects que peuvent revêtir dans l'esprit les croyances sur soi – ce sont des pensées qui tournent en boucle :

- Je ne peux être heureux qu'en étant tout le temps parfait.
- Comme je ne serai jamais à la hauteur, il faudra que j'essaie d'être heureux quand je le pourrai.
- J'ai besoin d'approbation pour être heureux.
- Je ne suis pas sûr de mériter le bonheur.
- Si je m'autorise à être trop heureux, je finirai par être déçu.

Je ne peux être heureux qu'en étant tout le temps parfait

Dans nos enseignements, nous avons l'habitude de conseiller aux méditants bouddhistes de ne pas « en faire trop ». Nous cherchons ainsi à les aider à se laisser aller davantage à leur nature profonde, à comprendre qu'aucun d'entre nous n'est parfait ; autrement, nous n'aurions pas besoin de suivre la voie, car nous aurions déjà atteint l'éveil.

Beaucoup de gens dont les parents étaient très critiques ou qui étaient brillants élèves et suscitaient les plus grands espoirs dès leur plus jeune âge sont persuadés qu'ils doivent être exceptionnels ou irréprochables pour avoir la permission d'être heureux. Tenez, moi par exemple, je n'étais pas très doué pour les études. Mais quand j'ai été reconnu comme la réincarnation de Gyalwang Drukpa et du saint indien Naropa, j'ai senti peser sur moi une énorme responsabilité et j'ai craint de ne pas être suffisamment doué pour m'occuper de la lignée du Dragon. Ce sont des croyances dont je me suis efforcé de me défaire au cours de ma vie ; j'ai appris à toujours compter sur moi pour faire de mon mieux. Si je passe mon temps à craindre de ne pas être à la hauteur, je serai moins utile aux autres, car je serai constamment obnubilé par moi-même et paralysé par la peur de me tromper.

Comme je ne serai jamais à la hauteur, il faudra que j'essaie d'être heureux quand je le pourrai

Quand les gens ont la conviction depuis leur enfance d'avoir une tare quelconque, ils croient parfois qu'ils ne méritent pas un bonheur paisible, profond, fondé sur le contentement, et se lancent à la place à la poursuite du bonheur éphémère des sens. Ils consacrent parfois beaucoup de temps à cette quête, dilapidant leur argent ainsi que leur énergie. Ils ont peur de savoir celui ou celle qu'ils sont au fond d'eux et préfèrent rester constamment occupés pour éviter de le découvrir en restant face à eux-mêmes. Si vous vous reconnaissez ici, je vous invite à avoir le courage (et vous l'avez, j'en suis sûr) de sonder votre cœur en lisant ce livre, et de comprendre ainsi la personne merveilleuse que vous êtes au fond de vous.

J'ai besoin d'approbation pour être heureux

Quand on est enfant, on remarque vite le regard approbateur – ou non – de nos parents. On fait la roue, on tire la langue, on saute dans la piscine en criant : « Regardez-moi, regardez-moi. » Et les parents font bien comprendre à leurs enfants qu'ils arrivent parfaitement à être eux-mêmes – à grandir et s'épanouir.

L'ennui, c'est qu'en vieillissant, nous avons parfois tendance à dépendre de l'approbation des autres pour nous autoriser à être heureux. Tant et si bien qu'un jour, nous rentrons du travail avec le sourire jusqu'aux oreilles parce que notre patron nous a complimentés sur notre travail, et le lendemain, nous sommes abattus quand il nous reproche d'avoir fait une erreur. Si nous mettons notre ego sur un piédestal, quand il en tombe, cela peut être très douloureux. En revanche, si nous parvenons à nous accepter davantage, sans prendre trop à cœur les éloges ou les reproches, ces choses-là n'affecteront pas à ce point notre tranquillité d'esprit.

Je ne suis pas sûr de mériter le bonheur

Il y a tant de gens dans le monde qui souffrent de dépression, perdant toute estime d'eux-mêmes, au point d'avoir du mal à se lever le matin. Quand nous sommes dans un état dépressif, à quelque degré que ce soit, nous passons à côté de la vie et de ses merveilles. Nous avons du mal à communiquer, à entretenir des relations avec les autres, alors même que nous avons cruellement besoin de leur aide. Nous n'avons plus confiance en nos compétences professionnelles ni en nous-mêmes en tant qu'individu.

L'estime de soi est un élément essentiel au bonheur, mais si nous la percevons uniquement au travers de notre ego ou de la réussite matérielle, nous limitons déjà notre aptitude au bonheur. En développant notre esprit et, par conséquent, notre estime de soi en tant qu'individu relié à autrui, nous créons en nous une force extraordinaire sur laquelle construire notre bonheur. Une force comparable à celle d'un grand arbre – avec des racines vigoureuses pour nous donner une base solide, mais aussi de la souplesse et de la douceur pour plier sous le vent.

Si je m'autorise à être trop heureux, je finirai par être déçu

Pour certains, s'attendre au pire est une forme de défense, censée leur épargner une souffrance excessive : s'ils s'attendent au pire, ils apprécient d'autant plus les occasions où l'issue est plus favorable qu'ils ne l'avaient imaginé. De la même façon, s'ils ébranlent le *statu quo*, ils risquent de détruire ce qu'ils ont déjà.

Je crois qu'il faut se préparer au pire – car la seule certitude que nous ayons est que nous allons mourir –, mais ne pas vivre en s'attendant à des catastrophes. Si nous vivons ainsi, nous passons notre temps à imaginer ce qui risque de mal tourner demain, au lieu de voir ce qui va bien aujourd'hui.

Observer l'esprit

L'attention ou la pleine conscience est une pratique essentielle pour aider à rompre les entraves de notre ego – tous les mythes nous concernant auxquels nous croyons profondément, tous les préjugés qui se sont accumulés au fil du temps, toutes les déformations. La pleine conscience nous permet de mieux appréhender la différence entre la douleur et la souffrance ; de comprendre que même lorsque nous sommes confrontés à une expérience très douloureuse, c'est à nous de décider si nous voulons ajouter à cette douleur la souffrance d'émotions accablantes telles que la colère, la peur ou la détresse.

C'est en étant plus attentifs au fonctionnement de notre esprit que nous rétablissons le lien avec nous-mêmes et, par conséquent, avec notre bonheur. Nous remarquons peu à peu les occasions où nous choisissons de dissimuler notre bonheur par habitude ou peut-être par peur de l'inconnu. Nous nous rendons compte que, malgré notre envie d'être plus souvent heureux, nous hésitons à nous laisser aller au bonheur, de crainte de nous exposer à la désillusion. Nous nous apercevons que nous redoutons d'être indignes du bonheur, de ne pas être à la hauteur, au point d'en être réduits à de brefs instants de joie ici ou là, ou de ne pas l'avoir mérité.

Puis peu à peu, nous observons que c'est l'œuvre de l'ego qui discourt sans cesse, nous empêchant de rétablir le lien avec notre nature profonde, notre nature intrépide, sage, heureuse.

Il suffit de consacrer un peu de temps à la méditation et de développer la pleine conscience dans la journée pour commencer à choisir de quelle façon réagir aux situations et aux gens. Nombreux sont ceux qui s'appesantissent sur ce qui s'est produit de triste ou de regrettable dans la journée ou dans leur vie en général. La pleine conscience nous encourage à être attentifs à tout ce qui se passe, si bien que nous apprenons peu à peu à prêter attention au plaisir que nous avons pu éprouver dans la journée, par exemple, comme à la douleur d'une émotion pénible.

Ne soyez pas embarrassé de vous réjouir de tout ce qu'il y a de merveilleux dans votre vie ; cela vous permet peu à peu de chasser plus aisément les humeurs sombres. Cela ne les empêchera pas de réapparaître – c'est la vie –, mais vous les laisserez s'éloigner au lieu d'y accorder trop d'importance. La pleine conscience vous aide à comprendre à quel point l'esprit est changeant, si bien que vous pouvez être contrarié par quelqu'un sur le moment, sans pour autant décréter que rien ne vous fera jamais changer d'avis sur cette personne.

Si vous préférez ne pas voir ce qui se passe réellement dans votre vie, ce n'est pas à moi de vous en dissuader. Cela dépend entièrement de vous et de ce qui vous convient le mieux. Mais si vous êtes curieux de découvrir une nouvelle façon de voir, sans les prismes et les filtres à travers lesquels nous appréhendons le monde, attendez-vous à un déploiement de couleurs, de surprises et de spontanéité comme vous n'en auriez jamais imaginé. Quand nous nous ouvrons à nos sens, au lieu d'avoir constamment des *a priori* sur les gens, les lieux, les plats, ou sur n'importe quoi, nous plongeons au cœur de la réalité.

Rester face à soi-même

Si pour certains, il est préférable d'apprendre à se connaître au travers de l'expérience, pour d'autres, comme Jigme Semzang, il vaut mieux en faire le moins possible afin de laisser sa nature profonde éclater au grand jour :

> Les enseignements m'ont non seulement aidé à changer mentalement, mais aussi physiquement. Il y a quelques années, j'étais en surpoids et je marchais avec une canne. J'avais pris l'habitude d'accuser les autres – de me stresser au travail, par exemple –, ou de me reprocher de ne pas être à la hauteur. J'estimais ne pas avoir à me soucier de ma santé, je mangeais ce que je voulais quand je voulais. Je réussissais professionnellement, je gagnais très bien ma vie et, pendant plusieurs années, je me suis raccroché à un mode de vie qui me donnait un sentiment d'identité. On aurait dit que mon identité se réduisait à ma carte de visite. Je courais après les promotions, mais j'oubliais de prendre soin de moi.
>
> Bref, j'ai fini par participer à un Pad Yatra avec Sa Sainteté et les moniales de Druk Amitabha. J'arrivais à peine à avancer – j'étais en mauvaise condition physique et marchais encore avec une canne. Et puis un jour, Sa Sainteté m'a dit que si j'étais mince, j'aurais plus de force physique. C'est là que j'ai commencé à me reprendre en mains et à voir les choses différemment.

J'ai retrouvé la santé et la vitalité, physiquement et aussi mentalement, car j'ai commencé à travailler sur mon esprit. J'ai arrêté de me fuir et je suis allé faire une retraite au Népal. Je me souviens avoir demandé les prières ou les mantras que je devais réciter et Sa Sainteté m'a répondu : « Aucune. Vous ne devez rien faire pendant quelque temps. »

Au début, j'avais un mal fou à passer tout ce temps face à face avec moi-même mais, petit à petit, j'ai commencé à comprendre et mes pensées ont cessé de se bousculer dans ma tête. Je n'ai pas renoncé à la richesse, mais j'apprends à en faire meilleur usage. La plus grande leçon que j'ai apprise, c'est de donner le meilleur de soi dans chaque situation, puis de passer à autre chose. Un jour, j'arrêterai peut-être même d'être un vrai moulin à paroles, mais j'ai encore besoin d'entraînement.

Des abeilles dans un bocal

Souvent, dans les moments éprouvants, nous avons l'impression que les soucis, tout ce que nous aimerions changer et ce qui nous déplaît dans notre vie ne laissent guère de place au bonheur. Les aspects difficiles de la vie semblent prendre tellement d'espace, tellement de temps que notre esprit ne cesse de perpétuer les situations ou les sentiments négatifs comme l'abeille tournoyant sans fin dans le bocal où elle est emprisonnée. Nous savons que nous devons changer les choses d'une manière ou d'une autre, mais nous ne voyons pas de solution et nous nous sentons piégés, à l'étroit, sans avoir la place de respirer et encore moins d'éprouver la chaleur du bonheur.

Un des plus grands bénéfices de la méditation, c'est de ménager un peu d'espace dans l'esprit. Sans être une solution miracle à vos problèmes, cela permettra de mettre en évidence les points sur lesquels vous êtes enfermé dans des pensées négatives qui finissent par vous consumer intérieurement.

1. Restez assis quelques instants et ramenez votre attention sur votre souffle (*cf.* p. 73).
2. À présent, visualisez vos pensées sous la forme d'abeilles tournoyant dans un bocal en bourdonnant, se bousculant, heurtant les parois sans nulle part où aller. Qu'avez-vous à l'esprit ?
3. Puis dévissez le couvercle et ouvrez le bocal en laissant les abeilles, et par conséquent vos pensées, s'envoler comme dans une prairie et vaquer à leurs affaires. Voyez le ciel bleu ; sentez la chaleur du soleil.
4. Vos pensées et vos émotions circulent librement – elles ont plus de place, désormais.

Affranchir l'esprit des étiquettes

Si nous n'y prêtons pas attention, nous nous attachons à tant de choses que nous nous retrouvons empêtrés, sans plus pouvoir bouger ou penser librement.

Je m'étonne toujours, par exemple, que les gens du monde entier soient aussi liés à leur système de mesure : « Mais combien ça fait exactement en kilomètres ? » ou encore : « Je ne comprends pas – ça fait combien en livres et en onces ? » De même, nous séparons le temps en intervalles mesurables – secondes, heures, jours, années –, mais le temps, lui, poursuit sa course, indifférent aux étiquettes qu'on lui accole. Et tout comme le bonheur, nous ne pourrons jamais le retenir.

Quant aux étiquettes que nous nous accolons à nous-mêmes et aux autres, étiquettes auxquelles nous finissons par croire fermement, elles créent un vivier de tensions et de désaccords avec nous-mêmes et ceux qui nous entourent ; cela nuit à l'harmonie. Souvenez-vous de ces croyances limitantes évoquées plus haut – celle, par exemple, selon laquelle nous devons être parfaits pour être heureux. Non seulement nous nous exposons à la désillusion en entretenant ce genre d'idées, mais nous sommes enclins à voir chez les autres des défauts que, consciemment ou inconsciemment, nous craignons d'avoir. Si nous sommes extrêmement critiques envers nous-mêmes, nous avons tendance à être tout aussi critiques envers les autres. Nous sommes peut-être persuadés d'avoir un grand sens de la morale ou de la justice, mais vu sous un autre angle, nous pouvons donner l'impression d'avoir la critique facile ou d'être excessivement intransigeants envers les autres. Le comportement est le même, seule l'étiquette a changé.

Briser l'illusion

En prenant peu à peu conscience que nous créons tous des étiquettes basées sur nos perceptions et nos expériences, nous comprenons que nous n'avons pas besoin d'y être attachés ou de nous mettre sur la défensive dès que les autres ne partagent pas notre opinion. Mes amis peuvent très bien être parfaits à mes yeux, mais pas aux vôtres. Pourquoi se disputer ? Respectons nos différences et comprenons qu'il est inutile de nous enchaîner à nos croyances avec un tel acharnement que nous n'avons plus suffisamment de souplesse pour plier sous le vent. Puis buvons un thé et parlons d'un sujet joyeux.

Quand nous commençons à comprendre ceci, nous voyons que les différences n'ont aucune importance. Nous nous libérons de ce qui est « à moi » et de ce qui est « à toi ». Ce type d'outils peut vous aider à vous affranchir, rompre les entraves de votre ego et vous libérer l'esprit.

Sans idées arrêtées

C'est agréable d'avoir des nouvelles de quelqu'un comme Lee, qui a mis ses enseignements en pratique, et de voir l'effet qu'ils ont eu – ou non – sur lui, dans le tumulte de la vraie vie :

> Après avoir effectué une retraite à Hong Kong, il y a presque sept ans de cela, j'entends encore l'enseignement de Sa Sainteté intitulé « Sans idées arrêtées », un thème qui résonne encore en moi à chaque fois que je suis face à un problème que je n'arrive pas à résoudre. Si nous le voulons, nous pouvons toujours envisager un problème sous un angle plus favorable. Je trouve cet enseignement extraordi-

naire, car nous avons une multitude d'idées arrêtées sur nous-mêmes, et la société nous en impose d'innombrables tous les jours. Cela a provoqué chez moi un grand changement, car l'image figée de soi crée un grand nombre d'obstacles liés à l'idée de « moi et le mien », qui engendrent beaucoup de douleur et de souffrance, non seulement à nous-mêmes, mais à ceux qui nous sont chers.

Au travail, nous avons également un grand nombre d'idées arrêtées sur la manière dont les tâches doivent être exécutées, mais nous n'avons pas de temps à perdre à écouter nos collègues et à ouvrir notre cœur et notre esprit pour accepter les autres dans notre vie. Si nous n'avons pas d'images figées de nous-mêmes, nous sommes toujours ouverts aux commentaires et capables de transformer ceux-ci en quelque chose de positif. Nous savons nous retenir et tirer une leçon positive de chaque situation. Quand nous travaillons avec enthousiasme à un projet, nous projetons naturellement une énergie positive et nous attirons à nous des gens qui ont le même état d'esprit. Cela engage à travailler dans la joie et crée une atmosphère pleine d'énergie positive, où l'on exécute les tâches sans peine, car l'esprit est léger, détendu et joyeux, inspirant les autres autour de nous ! Cela encourage à penser en termes de « nous », et non de « je » !

À chaque fois que j'ai l'impression d'être dans une impasse, je me rappelle qu'il faut « vivre dans le moment présent », car nous nous projetons toujours en avant, nous inquiétant inutilement à propos de tout et de rien, ratant des moments importants, finissant par nous énerver et être exaspérés. Je fais une pause et je vérifie que je mets en pratique ce « sans idées arrêtées », puis je retrouve des forces et me remets à travailler joyeusement sans discontinuer.

L'esprit libre ouvre la voie au bonheur authentique

Il faut vivre le bonheur authentique dès à présent. Il nous arrive de connaître un bonheur éphémère – une part de gâteau peut nous apporter ce type de bonheur basé sur le plaisir, ou encore franchir une ligne d'arrivée, faire un discours, réussir un examen… Il s'agit bien de bonheur, mais il est de courte durée. C'est un bonheur superficiel, qui surgit un instant et disparaît rapidement.

Naturellement, on éprouve un léger soulagement passager, le sentiment de s'accorder un petit plaisir ou d'améliorer son confort, mais l'ennui, c'est que lorsqu'on essaie de trouver le bien-être ou le soulagement à travers des « choses », on a tendance à en vouloir toujours plus pour entretenir ce sentiment. Nous avons des placards qui débordent de vêtements que nous ne portons quasiment jamais, nous jetons les aliments que nous n'avons pas consommés. Parfois, nous avons l'impression d'avoir remplacé les « gens » par les « choses ».

Il n'y a aucun mal à vouloir posséder de belles choses, être chic ou séduisant. Mais si nous attachons des émotions à ces biens, ou nous identifions d'une manière ou d'une autre à ce que nous possédons, nous risquons davantage d'éprouver de l'insatisfaction que du bonheur. On est pris dans un cycle où l'on cherche constamment à posséder davantage alors que l'on aurait peut-être même intérêt à se contenter de moins.

Il est probable que vous ayez déjà entendu cela des centaines de fois, mais personne n'a jamais attaché grande importance à ses biens sur son lit de mort. Tout en vous penchant sur l'évolution de votre vie et sur ce que vous souhaitez privilégier dans le temps précieux qui vous est imparti, demandez-vous si votre attachement à la consommation n'est pas excessif, si cela vous procure le même bonheur que les relations affectueuses de votre vie ou l'épanouissement dans ce que vous faites.

Le bonheur authentique est profond et durable, il est toujours là, mais nous ne le voyons pas. On a tendance à s'imaginer que c'est le type de bonheur que nous connaîtrons peut-être plus tard, mais que pour l'instant, nous ne sommes pas prêts. N'allez pas croire que vous allez devoir faire un long chemin pour pouvoir trouver ce bonheur ; vous pouvez le vivre dès maintenant. Bien des gens pensent à tort que c'est un voyage difficile et qu'ils seront heureux une fois arrivés à destination. Pourquoi ne pas profiter du voyage, pourquoi ne pas être heureux à chaque pas ? C'est l'occasion d'être heureux dès maintenant et à chaque instant, chaque jour de votre vie.

MÉMENTO

SE LIBÉRER L'ESPRIT POUR ÊTRE HEUREUX

- Votre ego impose des conditions au bonheur, en vous disant ce qu'il vous faut pour être heureux ou ce que vous ne pouvez pas perdre si vous voulez le rester.
- Le bonheur authentique est inconditionnel.
- Examinez vos croyances et voyez celles qui vous aident et celles qui vous entravent. L'attention et la pleine conscience sont les premiers outils qui vous permettent de vous réconcilier avec votre esprit.
- Commencez à observer vos perceptions et exercez-vous à les imaginer mouvantes et non figées. Soyez ouvert à d'autres idées, d'autres points de vue et soyez prêt à envisager les choses différemment.
- Quand vous êtes contrarié par une personne ou une situation, demandez-vous : « Est-ce que je vais rester fixé là-dessus ? » Il est inutile de laisser une émotion passagère vous gâcher la journée.

UN ACTE DE BONHEUR GRATUIT

À chaque fois que vous achetez un nouveau vêtement, choisissez-en un autre dans votre placard et allez le porter dans une association caritative en échange. Il est inutile de rester à ce point attaché à des monceaux d'affaires qui débordent de tous les côtés. Laissez-les aller et venir et faites le bonheur de quelqu'un au passage.

8

Changer ses habitudes mentales

L'essence de la beauté est l'unité dans la variété.

attribué à Somerset Maugham

On ne peut généralement pas changer la réalité physique d'une situation donnée, mais notre esprit influe de manière extraordinaire sur la façon dont nous percevons, interprétons et, par là même, réagissons face à celle-ci. Dans le bouddhisme, nous parlons de l'esprit « dualiste », qui définit simplement la tendance qu'à l'homme à vouloir tout voir en noir ou en blanc, bien ou mal, en sachant cependant que la vie se réduit rarement à des catégories aussi nettes. Même en échangeant une conversation, nous avons souvent l'impression d'être d'un côté ou de l'autre – d'être obligés de prendre parti ou de donner notre point de vue, et de devoir alors le défendre avec toute notre intelligence et notre éloquence, de sorte qu'idéalement, l'autre batte en retraite et que nous sortions « vainqueurs ». Mais heureux celui qui voit dans toute conversation l'occasion d'apprendre et de découvrir un aspect de la vie du point de vue d'autrui.

Kashyapa imagine, par exemple, les herbes et les arbres, les forêts et les simples qui poussent de par les monts et les fleuves, les vallées et les sols du monde tricosmique ; dans leur diversité et leur variété, chacun est différent par son nom et sa forme. Une dense nuée va, s'étendant de plus en plus largement, jusqu'à couvrir l'ensemble du monde tricosmique ; en un même moment, elle se répand en une pluie égale, dont l'humidité fertilise universellement herbes et arbres, forêts et simples ; petites racines, petits troncs, petites branches, petites feuilles, racines moyennes, troncs moyens, branches moyennes, feuilles moyennes, grandes racines, grands troncs, grandes branches, grandes feuilles ; les arbres grands et petits, selon qu'ils sont de haute, moyenne ou basse taille, en reçoivent chacun. Avec la pluie d'un seul et même nuage, ils obtiendront, conformément à leur nature séminale, de croître, de fleurir et de porter des fruits. Bien que nés d'un même sol, fertilisés d'une même pluie, herbes et arbres sont tous distincts les uns des autres.

Sûtra du Lotus[12]

Les êtres humains sont semblables aux herbes, aux fleurs et aux arbres du *Sûtra du Lotus* qui ont chacun un potentiel unique bien qu'ils reçoivent tous la pluie d'un seul et même nuage. Chacun de nous voit les choses de son propre point de vue, qui émane de ce qu'il a vécu, de sa personnalité et de ses émotions. Ces perspectives sont toutes intéressantes et légitimes et en nous efforçant d'envisager les situations sous d'autres angles, nous pouvons faire disparaître certains des obstacles qui s'opposent à notre bonheur.

La vie est pleine de surprises. Pourquoi dirions-nous : « À quelque chose malheur est bon » ou : « Chaque médaille a son revers », si tout était simplement bien ou mal ?

Une même expérience, deux regards

La vie se déroule rarement comme nous l'avions prévu ; c'est à nous d'y voir une chance ou une malchance, comme l'a découvert Cathy lors d'une retraite qu'elle a effectuée chez nous, au monastère du mont Druk Amitabha :

> Quand on fait une retraite au monastère du mont Druk Amitabha, on descend la pente escarpée pour se rendre à Katmandou, au célèbre stupa de Swayambunath pour la kora ou circumambulation, qui consiste à tourner autour du stupa un certain nombre de fois avant de faire une offrande. Cette fois-là, nous y sommes allés le soir et nous avons offert des lumières en allumant autant de bougies que possible pour répandre nos vœux de bonheur au monde entier.
>
> Sa Sainteté marche toujours très vite et j'essaie à chaque fois de rester dans le groupe de tête. Je courais pour ne pas me laisser distancer quand j'ai trébuché sur le bas-côté en tombant dans la rigole, et je me suis sérieusement tordu la cheville, si bien que j'ai dû faire le tour du stupa en marchant très lentement et en boitant.

Je n'ai pas tardé à me retrouver loin derrière le groupe de devant. Cela ne m'était jamais arrivé ; un incident malheureux m'avait obligée à ralentir le pas mais, en fait, j'ai vécu une expérience merveilleuse. En chemin, je prêtais tellement plus attention à ce qui m'entourait. La vie autour du stupa de Swayambunath est pleine de couleurs. C'est un endroit intact où les plus démunis viennent mourir, en passant leurs derniers jours sous une bâche de plastique quand ils en ont la chance, avant d'être recouverts d'un linceul blanc, grâce à la générosité d'inconnus qui financent la crémation. C'est aussi un lieu débordant d'activité, un tourbillon de couleurs, de communautés, de commerces et de réunions.

En arrivant à l'endroit où nous devions faire l'offrande de lumière, il y avait déjà des moniales qui allumaient en silence des dizaines et des dizaines de fines bougies blanches sur les marches du stupa. C'était si paisible, si beau. Je me suis agenouillée et j'ai commencé à allumer les bougies, heureuse d'être là dans le silence au milieu de ces femmes, et puisant l'énergie qui émanait de ce lieu tout en pensant à l'offrande.

Le fait de ralentir le pas m'a permis de porter un regard neuf sur cette expérience. Cela a été une bonne leçon pour moi, à la fois de ne pas s'efforcer à tout prix d'être constamment devant, comme j'ai également tendance à le faire dans la vie et pas seulement lors de la kora, je l'avoue, et aussi de m'ouvrir à de nouvelles perspectives. J'espère être capable d'appliquer cette leçon, que ce soit en acceptant plus sereinement les divergences d'opinion ou en me disant que cela n'a pas d'importance si tout ne se passe pas comme prévu – qui sait, cela peut être passionnant !

L'esprit n'a pas de limite

On raconte que, grâce à la pratique approfondie de l'exercice spirituel et de la méditation, le Bouddha passait au travers des murs et des roches solides et pouvait même voler au-dessus des montagnes. Naturellement, cela défie notre logique habituelle et les lois de la physique. Mais grâce au pouvoir de son esprit sans limites, Bouddha a pu dépasser les conventions répandues, toutes les étiquettes, et comprendre que ce que nous percevons comme un mur est une perception et peut donc être aisément franchi.

Pensons à l'exemple de l'eau : pour les poissons, l'eau est leur habitat, mais bien que nous devions la vie à l'eau que nous buvons, l'eau nous tuerait si jamais nous décidions d'y élire domicile. La signification ou la raison d'être de l'eau change donc radicalement selon l'angle sous lequel on l'envisage. En d'autres termes, il est inutile de s'attacher à une définition précise. Il en va de même du bonheur : il est vain de chercher à le définir – il peut avoir plusieurs significations selon les gens. Comme dit la maxime zen : « Pour son amant, une jolie femme est un ravissement, pour le moine, une source de distraction, pour le moustique, un bon repas. »

Il y a longtemps de cela, quand les Blancs sont arrivés au Tibet, les habitants ont été terrorisés par eux, car ils avaient l'air étranges avec leurs cheveux jaunes et leurs yeux bleus – ils n'avaient jamais vu des gens comme eux. Ils tapaient dans leurs mains en les voyant, comme ils en avaient l'habitude pour chasser ce qui les effrayait ; mais de leur côté, les Blancs étaient enchantés d'être applaudis, croyant être acclamés !

En faisant le choix conscient de sortir de vos habitudes mentales, vous apprendrez naturellement à voir peu à peu les choses autrement, car vous ne serez plus aussi figé dans votre position habituelle – ou du moins, vous vous apercevrez que vous voyez le monde à travers le prisme qui est le vôtre. En quoi cela peut-il contribuer à cultiver un esprit heureux ? Vous imaginez bien que si nous voyons toujours les choses sous le même angle, nous finissons par avoir une idée très arrêtée de ce que nous estimons être juste ou bien ; nous tombons dans l'ornière, au lieu de laisser notre état d'esprit fluctuer au gré du moment. Nous cherchons même à graver dans le marbre notre définition du bonheur : si notre vie est conforme à une image précise, tout va bien, nous pouvons être heureux ; mais si jamais il y a le moindre changement, nous nous rebellons et craignons de ne plus être heureux. Lorsque nous ne nous autorisons à voir les choses que d'une certaine façon, nous avons tendance à être agacés ou en colère quand les autres ne se conforment pas à notre conception du savoir-vivre ; nous avons une longue liste de choses qui « se font » ou « ne se font pas », devenant ainsi extrêmement critiques et enclins à porter des jugements.

Si nous n'apprenons pas à nous mettre à la place des autres, nous pouvons difficilement établir des relations sincères et éprouver de l'empathie et de la compassion pour les autres. Nous risquons de nous isoler mentalement, d'être incapables de nous assouplir et de nous adapter – c'est pourquoi il est bon de nous exercer l'esprit de temps à autre. L'esprit est comme un moteur de voiture, si nous n'y touchons pas un certain temps, il finit par rouiller et les pièces mobiles se rigidifient ou se bloquent.

Voir les choses autrement

Si vous apprenez à voir les choses autrement, vous aurez une idée plus flexible du bonheur. Il se peut que depuis toujours vous voyiez le verre à moitié vide ; c'est l'occasion ou jamais de changer de point de vue et de le voir à moitié plein.

Prenez l'argent, par exemple. Que les gens aient beaucoup d'argent ou très peu, il y aura toujours plusieurs façons de considérer les choses. Je connais des hommes et des femmes qui ont réussi professionnellement et gagnent très bien leur vie. Certains n'en conçoivent aucune gêne, apprécient réellement le fruit de leur travail et ne sont pas excessivement attachés aux biens matériels ; ils sont très heureux de pouvoir en distribuer généreusement autour d'eux tout en ayant une belle maison et en finançant les études de leurs enfants. Mais je rencontre aussi des gens qui sont tellement riches qu'*a priori*, on imagine qu'ils ne doivent jamais avoir de soucis d'ordre financier. Pourtant, ils craignent en permanence de perdre leur fortune ou jalousent leurs voisins s'ils possèdent une maison ou une voiture plus belle que la leur. Ils ont tellement peur que tout disparaisse que certains sont même avares. Je suis triste pour eux, car ils remettent leur bonheur à plus tard à cause de leur vision des choses. Lorsque j'échange avec ces personnes, à ce point figées dans leur point de vue, j'ai l'espoir qu'avec de la pratique, les attaches qui leur entravent l'esprit finiront peu à peu par se dénouer et disparaître. Ils comprendront alors tout le bien qu'ils peuvent faire grâce à leur réussite et s'apercevront qu'ils peuvent aussi profiter de la vie.

Je me suis rendu dans de nombreux ermitages et monastères où des maîtres pratiquaient et atteignaient l'éveil. Si visiter ces lieux sacrés encourage beaucoup, quand je vois des statues et des bâtiments en ruine, cela m'attriste et je me demande pourquoi les hommes détruisent les belles choses. Je sais que c'est parce que ce sont des lieux saints et que, malheureusement, les personnes qui n'ont pas la même religion se battent au nom de leurs croyances et finissent par détruire des lieux de prière. Mais j'aimerais qu'elles oublient leur caractère sacré et s'efforcent au moins d'apprécier leur beauté. Si nous avons l'esprit si étroit qu'il ne peut accepter que notre conception du bien et du mal, nous risquons de devenir comme ceux qui détruisent les merveilles appartenant à d'autres cultures, d'autres traditions, d'autres pays ; en bref, de pauvres malheureux enfermés dans des boîtes. Quand les choses ne sont pas conformes à notre façon de voir, elles doivent être détruites. Il en va de même dans les relations, lorsque nos amis ou notre famille ne font pas ce que nous leur demandons, nous avons tendance à nous mettre en colère et à leur en vouloir à eux, mais jamais à nous-mêmes.

C'est pourquoi je ne cesse de répéter : surveillez votre esprit ; si vous êtes vigilant, vous n'aurez pas à vous soucier de vos paroles et de vos actes. Mais la plupart du temps, nous nous tournons toujours vers l'extérieur, jaugeant les autres en fonction de nos critères particuliers. Il ne faut pas escompter que les autres nous suivent, chacun de nous suit sa voie et si elles se ressemblent parfois, elles ne sont jamais identiques.

Notre esprit crée notre monde

C'est une joie pour moi de voir que l'expérience du Pad Yatra permet à certains bénévoles comme Joanna d'accéder à des moments de véritable compréhension, qui les accompagnent ensuite dans leur vie :

> Une des expériences les plus enrichissantes que j'ai vécues est celle de la joie paisible éprouvée au milieu du tourbillon d'émotions et du véritable défi physique que représente le Pad Yatra. Ce que j'apprécie le plus, c'est l'espace qui s'ouvre spontanément au-dedans de soi, alors que les émotions intenses surgissent et disparaissent tour à tour… et cette joie paisible qui irradie de l'intérieur. Comme un lotus au milieu d'un étang.
>
> Je n'oublierai jamais le goût d'un vieux bout de pain rassis que j'avais d'abord refusé, avant de me raviser

aussitôt : c'était notre dîner. Dès cet instant, je n'ai plus voulu autre chose et j'ai trouvé le pain rassis absolument délicieux. Par la suite, j'ai compris que c'est ainsi que l'esprit crée des réalités. Souvent, depuis, j'ai vécu des expériences similaires dans ma vie et le bout de pain rassis me rappelle de changer d'avis et de me contenter de ce que j'ai.

Grâce à une meilleure prise de conscience de mes schémas comportementaux, je suis mieux à même d'aider mes clients. La compréhension et l'acceptation que j'ai de moi-même se projettent automatiquement sur mes proches, mes clients et sur les autres. Je suis davantage à l'écoute, mes idées sont plus claires et je fais attention à ce que je dis. Les changements que j'ai vécus en moi me rendent de plus en plus confiante en la capacité de chacun à s'épanouir et trouver le bien-être, et à affronter sans crainte les défis de l'existence.

Prendre le temps de la réflexion

Si nous regardons la nuit le reflet de la lune à la surface paisible d'un étang, elle a exactement la même apparence que si nous la voyons dans le ciel. À nos yeux, il n'y a aucune différence, et pourtant, nous savons que la lune dans le lac n'est qu'un reflet, une illusion.

Pour cet exercice, vous pouvez vous servir de votre miroir : regardez-vous simplement un instant dans la glace. Vous voyez le moindre détail – la taille que vous faites, le nombre de cheveux blancs que vous avez aujourd'hui. Mais en dépit des apparences, ce n'est pas réel. Tout comme la lune dans le lac, le visage que vous observez n'est qu'un reflet.

C'est une méditation contemplative qui nous aide à comprendre que, dans le monde, rien n'a une réalité immuable. Cela nous aide à mieux comprendre que c'est l'esprit qui donne du sens à tout ce qui nous entoure – qu'il n'y a pas une vérité unique, mais que tout n'est que perception et apparence. C'est la raison pour laquelle deux personnes qui ont vécu exactement la même situation en ont parfois une perception très différente. Imaginez-vous simplement, par exemple, en vacances à la campagne – quand il pleut, vous êtes très déçu, mais les paysans sont ravis. La pluie est-elle une bonne ou une mauvaise chose ? Il n'y a pas de réponse définitive.

L'objectif de ce type de méditations est de nous exercer l'esprit, afin que nous puissions nous mettre à la place des autres pour essayer de voir les choses de leur point de vue, même s'ils nous contrarient ou nous énervent dans un premier temps. Il est si facile de juger les autres, et nous oublions souvent de prendre le temps de voir que la situation est généralement plus complexe qu'il n'y paraît et que nous ne sommes peut-être pas parfaits non plus. Si nous étions parfaits, nous serions Bouddha, qui n'aurait jamais eu de dispute pour commencer !

Cela dépend de nous : nous pouvons toujours choisir de nous raccrocher à notre vision étriquée du monde ou nous ouvrir l'esprit pour accepter pleinement la différence et découvrir la beauté dans la variété.

L'illusion de la réalité

Il peut être difficile d'envisager que notre conception de la réalité se réduise à cela – une simple conception et non une vérité universelle. Comment pouvons-nous espérer que notre existence repose sur quoi que ce soit de concret si la réalité n'est qu'une illusion de l'esprit ? Trevor est avocat, un rôle parfois très conflictuel où l'on se positionne dans un camp de la « vérité » ou dans un autre :

> Le Gyalwang Drukpa dit souvent que nous devons cultiver l'idée que le monde qui nous entoure n'est qu'un rêve ou une illusion.
>
> Pour être franc, j'avais peur de mettre son discours en pratique, car j'avais l'impression que je risquais de perdre contact avec la réalité. Depuis quelque temps, je me suis efforcé de suivre son enseignement et cela a eu l'effet inverse. Je me sens plus ancré dans le présent et plus ouvert aux possibilités qu'offre l'avenir.
>
> Comme beaucoup de gens, j'évolue dans un milieu souvent régi par l'anxiété, la colère ou la peur. Je suis avocat et j'ai constamment le sentiment d'être sous le regard inquisiteur des avocats de la partie adverse ou de mes confrères. C'est la nature même d'une profession qui – aux États-Unis du moins – est délibérément fondée sur la contradiction. Cette impression

d'être sous constante surveillance génère un sentiment d'insécurité qui me rend facilement anxieux et coléreux.

En m'efforçant de cultiver l'idée que le monde est semblable à un rêve, j'ai vu disparaître peu à peu l'anxiété et la colère. Je pense que ces émotions étaient dues au fait que je me raccrochais à mes attentes, à ma vision des choses et même à l'image que je me faisais de moi. Le fait d'appréhender tout cela comme un rêve me donne une sensation d'espace. Je n'ai pas besoin de m'inquiéter à ce point si la réalité dans laquelle je vis n'a pas de substance.

Considérer la nature illusoire de notre réalité ne suppose aucunement de vivre dans le nihilisme. Bien au contraire : voir la réalité comme un rêve m'a permis de me défaire des émotions négatives et d'agir avec plus de compassion. Quand j'entends des déclarations malveillantes, infondées, de la part de mon confrère de la partie adverse, je suis moins enclin à me mettre en colère, car je sais que ces paroles – et les émotions qu'elles suscitent – n'ont pas véritablement de sens concret. De même, si je dois régler un problème difficile avec un de mes collaborateurs, je réussis mieux à éviter la colère. Je prends le temps de réfléchir aux besoins de l'autre, car j'ai l'espace nécessaire pour mesurer que mon point de vue n'est ni plus ni moins important que le sien.

> Au lieu de perdre contact avec la réalité, je parviens mieux à l'appréhender. J'ai suffisamment d'espace et d'ouverture pour envisager un immense champ de possibilités – dont celle d'agir envers les autres avec amour, même lorsque je traverse des épreuves difficiles.

Si vous avez le courage de vous regarder avec franchise en étant prêt à tirer des leçons de votre expérience, à changer et à améliorer votre vie, vous risquez sans doute de vous sentir vulnérable et peut-être même effrayé par la perspective de ce que vous allez découvrir. Mais si vous êtes déterminé à observer vos imperfections, vos manies et ce que vous aimeriez corriger, vous serez également en mesure de comprendre les imperfections et les points faibles des autres. Au lieu d'être enclin à porter des critiques ou des jugements hâtifs, vous serez plus patient, car vous saurez que, tous autant que nous sommes, nous nous efforçons simplement d'être heureux. Vous accepterez plus facilement les différences, vous rendant ainsi la vie plus facile et plus agréable.

MÉMENTO

CHANGER SES HABITUDES MENTALES

- Voyez la beauté dans la différence.
- Souvenez-vous qu'à quelque chose malheur est bon, si vous êtes prêt à voir cet aspect positif.
- Si vous êtes en désaccord avec quelqu'un, efforcez-vous de vous mettre à sa place et d'envisager la situation de son point de vue. Même si vous ne tombez pas d'accord, vous le comprendrez mieux.
- C'est votre esprit qui crée votre monde et si jamais vous n'aimez pas ce que vous voyez, ayez le courage de regarder en vous-même et de changer.

UN ACTE DE BONHEUR GRATUIT

Faites du pain : le pain nous ramène à l'essence de la vie et au pur plaisir de voir, de sentir et de goûter le fruit de nos efforts. Il est important de nous rappeler la provenance de notre nourriture (lorsque nous arrachons de terre une carotte pour la cuisiner le soir, par exemple) et le pain nous révèle quelque chose de fondamental en termes de subsistance et de potentiel : qui aurait cru que de la farine, de l'eau et du levain puissent produire quelque chose d'aussi merveilleux ?

9
Accepter pleinement ses peurs

Heureux celui qui brise les chaînes qui entravent l'esprit et renonce à toute crainte.

Ovide

Nous avons de multiples raisons d'être satisfaits et, pourtant, nous passons notre temps à nous inquiéter de ce qui n'est pas parfait, de ce qui risque de mal tourner ou de ce que nous pouvons perdre. C'est le fait de « ne pas savoir » qui nous entraîne dans un tourbillon d'interrogations – imaginant tous les scénarios et la réaction qui serait la nôtre, rêvant de connaître l'issue au lieu d'être confrontés à tant de hasards et d'incertitudes dans notre vie. Nous essayons de creuser le sillon de la certitude : si nous ne prenons aucun risque, peut-être qu'il ne nous arrivera rien et que nous ne serons pas confrontés à des épreuves trop pénibles.

Mais c'est souvent lorsque nous tentons de protéger notre bonheur que nous l'étouffons et devenons de plus en plus craintifs ou anxieux. Et si nous ne veillons pas sur notre esprit, l'incertitude peut s'associer à la peur et s'y attacher : peur de l'inconnu, peur de la mort et même peur de la vie. L'inquiétude est épuisante mentalement ; croire à la place que tout est possible requiert la même énergie, si ce n'est qu'elle est canalisée autrement. On met son énergie à profit au lieu de la laisser se consumer pour rien.

Les enseignements m'ont appris à avoir foi en moi, être confiant, intrépide. Il faut avoir un peu de courage pour regarder en face ses manies et travailler sur soi, pour améliorer sa vie et se rapprocher de sa nature profonde. Cela peut être pénible de s'observer ainsi dans le miroir, mais comme Sa Sainteté me l'a dit un jour, si tu ne te libères pas maintenant, quand le feras-tu ? Aussi au cours des dernières années, j'ai rompu les entraves créées par mon esprit – toutes les peurs et les inquiétudes que j'avais sur moi-même et sur mon devenir.

Jigme Semzang

Se libérer de la peur et de l'anxiété

Heureux celui qui a renoncé à s'inquiéter. S'attacher à ses inquiétudes limite et prive l'esprit de la liberté mentale qui permet d'être heureux. C'est un cercle vicieux de pensées qui se nourrissent les unes les autres et tournent indéfiniment. Elles prennent un temps précieux et étouffent le bonheur, en le dissimulant, suffoquant sous la surface d'un esprit constamment tendu et stressé. Les inquiétudes, même mineures, peuvent s'accumuler au fil du temps en laissant peu de place pour quoi que ce soit d'autre. On se sent médiocre et inhibé, nos pensées deviennent tout aussi médiocres et limitées, et il en va de même de nos paroles et de nos actes. On a l'impression d'être limité dans notre potentiel, ce qui signifie que l'on se restreint en laissant les inquiétudes occuper constamment le devant de la scène dans l'esprit.

Si vous avez tendance à vous inquiéter, et vous n'êtes certainement pas le seul dans ce cas, commencez à pratiquer ne serait-ce que quelques minutes de méditation en vous concentrant sur le souffle (*cf.* p. 73). En évacuant ces craintes à l'expiration, votre esprit retrouvera peu à peu du calme et de l'espace. Au lieu de garder vos inquiétudes et de les ressasser indéfiniment en vous épuisant mentalement, vous arriverez petit à petit à les voir telles qu'elles sont et à les laisser s'éloigner ou disparaître.

SE CONCENTRER SUR LE BONHEUR

Si vous pouviez prendre tous les jours votre bonheur en photo, à quoi ressemblerait-il ? Un jour, ce pourrait être un visage familier, le lendemain quelque chose de tout à fait nouveau et surprenant. Ou encore un défi ou une peur que vous avez acceptée et surmontée. Ou encore quelqu'un que vous avez rencontré. Chaque jour est une occasion de bonheur. Si vous faites tous les jours un petit geste pour le bonheur, ces petits gestes finiront par changer la donne et transformer votre vie.

Là où il y a de la peur, il y a de l'espoir

Je rencontre beaucoup de gens qui se disent qu'ils pourraient en faire bien plus s'ils parvenaient à se défaire de leurs peurs et de leurs angoisses. Mais au lieu d'ignorer ses peurs, il est peut-être utile de les sonder au plus profond, de les accepter puis de les surmonter. Si l'on parvient à observer ses peurs ou ses inquiétudes sous un autre angle, on découvre souvent une source d'inspiration, ce que l'on veut réellement faire de sa vie. Quelqu'un qui a peur de se marier, par exemple, sait également au fond de lui le bonheur que peut procurer une relation aimante fondée sur l'engagement. Le succès est précisément là où nous imaginons l'échec. Il n'y a pas à éprouver de honte ou de regret si nous décidons de nous détourner de nos peurs, mais pourquoi ne pas se jeter à l'eau et y puiser une inspiration ? Elles offrent de grandes possibilités d'évolution.

Nulle part où se cacher

Kate ne pratique pas le bouddhisme, mais elle suit les retraites pour les enseignements philosophiques, afin d'explorer les idées :

> Je suis allée à trois reprises au mont Druk Amitabha faire une retraite et, à chaque fois, je m'aperçois que là-bas, il n'y a nulle part où se cacher, que ce soit physiquement, mentalement ou émotionnellement. L'image que j'ai de moi-même remonte à la surface et s'effrite aussitôt quand je me rends compte que je ne suis pas un être à part, mais

en même temps que nous sommes tous des êtres à part et aussi importants les uns que les autres. J'arrive avec l'étiquette : « Je ne suis pas bouddhiste », « Je suis timide » et « Je n'aime pas être en groupe ». Puis je m'aperçois qu'aux yeux des moniales, je suis simplement une invitée qui va passer quelques jours parmi elles et qu'aucune étiquette n'est nécessaire. Je me souviens qu'un matin, j'ai reçu une mauvaise nouvelle et je suis sortie du dortoir en pleurant. Quand je suis passée devant une moniale, elle m'a touché le front et m'a dit : « N'aie pas peur. » C'est drôle, l'anglais n'étant pas sa langue natale, elle m'a fait comprendre que j'ai tendance à laisser la peur et l'anxiété faire obstacle à mon bonheur. Mais je sais aussi lâcher prise et me jeter à l'eau, en tentant de nouvelles expériences. C'est d'ailleurs ainsi que j'ai atterri dans cet endroit extraordinaire au pied de l'Himalaya, ce lieu qui me rappelle d'arrêter de faire des histoires, d'être moi-même sans avoir besoin d'étiquettes et de continuer à me jeter à l'eau.

POURQUOI PAS ?

J'adore cette question. Elle me met l'esprit en joie !

On comprend aisément que les gens tombent souvent dans le piège qui consiste à chercher des prétextes pour ne pas faire ce qu'ils désirent au plus profond d'eux-mêmes – pour se laisser dissuader par leur peur ou leur anxiété. Mais ces deux petits mots – pourquoi pas ? – nous aident à détruire les monstres et nous projettent en avant. Pourquoi ne pas essayer ? Pourquoi ne pas saisir l'occasion qui s'offre ? Pourquoi ne pas se lancer ? Beaucoup d'hommes et de femmes d'affaires célèbres du monde entier racontent le sourire aux lèvres combien de fois leurs tentatives se sont soldées par un fiasco. On pourrait se demander comment ils peuvent se réjouir ainsi de leurs échecs, mais aucun d'eux n'a jamais regretté d'avoir essayé, même si cela n'a pas toujours marché. Il semblerait que les incidents de parcours puissent être une source de bonheur.

Je ne dis pas qu'il faut prendre des risques pour être heureux, mais plutôt que nous devrions nous affranchir des pensées qui nous empêchent de tenter des expériences. Les doutes nous donnent l'impression d'être là pour nous protéger, mais parfois, c'est en acceptant d'être vulnérables que nous réalisons les choses les plus extraordinaires de notre vie. Il se peut que nous tombions amoureux, ou que nous accomplissions quelque chose que nous n'aurions jamais cru possible. Nous repoussons les limites de notre esprit, créant ainsi de l'espace pour nous épanouir.

Améliorer sa vie

Si vous appréhendez de faire ce que vous voulez réellement faire dans la vie, car vous avez l'impression de manquer du soutien nécessaire ou de quelqu'un sur qui compter en cas de difficulté, alors, c'est le moment ou jamais d'évoluer. Vous oubliez la seule personne sur laquelle vous pouvez vous appuyer, celle qui vous donne la force et le courage. Cette personne, c'est vous.

Beaucoup de gens ont perdu confiance en eux. Ils craignent de n'avoir personne pour les aider à se relever si jamais ils font une grosse erreur, et se disent qu'il vaut mieux éviter autant que possible de prendre des risques. Cela se comprend parfaitement, mais c'est une attitude qui repose sur l'idée fausse ou l'illusion que si nous ne changeons pas, le monde qui nous entoure demeurera lui aussi identique à lui-même – notre emploi est assuré, notre maison ne risque rien et ainsi de suite. Et pourtant, les industries changent tout le temps ; l'économie mondiale a failli s'effondrer totalement il y a quelques années.

Rien n'est certain ; rien ne reste à jamais inchangé. Alors, quand vous sondez votre cœur, et que sous les inquiétudes, les peurs, les incertitudes, vous voyez que votre nature confiante est inspirée par quelque chose ou rêve de changer de voie, renouez avec cette confiance intérieure, échangez avec elle. Vous verrez que la vie est trop courte pour perdre son temps à imaginer tous les scénarios possibles auxquels peuvent aboutir une décision ou un choix. Pourquoi ne pas voir par vous-même ce qui va se passer et vivre pleinement votre vie dans toute sa richesse ?

METTRE EN PRATIQUE LES PENSÉES POSITIVES

Posez-vous la question : si aujourd'hui vous aviez la possibilité de rendre le monde plus heureux en étant sûr d'y parvenir, que feriez-vous ? Vous pouvez réfléchir à la question, ou même noter vos pensées, comme vous préférez. Pensez à ce qui vous motive réellement. Ce qui moi me galvanise, c'est de penser à ce que nous pourrions faire en matière de respect de l'environnement et de la nature. Nous avons mis ces idées en pratique en récupérant tous nos déchets pour les recycler, en installant des panneaux solaires et en demandant aux invités de faire attention à ne pas consommer trop d'eau quand ils viennent dans nos monastères.

Alors aujourd'hui, je vous invite à changer vos pensées positives en paroles et en actes positifs, à approfondir vos relations et vos échanges avec le monde qui vous entoure et à partager tous les trésors d'amour et de bonté que vous avez dans le cœur.

Éprouver la peur

Ils vont, ils viennent, ils trottent, ils dansent, de mort nulles nouvelles. Tout cela est beau : mais aussi quand elle arrive, ou à eux ou à leurs femmes, enfants et amis, les surprenant en dessoude et à découvert, quels tourments, quels cris, quelle rage et quel désespoir les accable ? [...] Ôtons-lui l'étrangeté, pratiquons-le, accoutumons-le, n'ayons rien si souvent en la tête que la mort [...] La préméditation de la mort, est préméditation de la liberté [...]. Le savoir mourir nous affranchit de toute sujétion et contrainte.

Montaigne, *Essais*[13]

Méditons sur les cinq rappels (ci-dessous) pour nous aider à nous défaire de la peur. Ils sont destinés à nous remémorer la nature changeante de la vie et lorsque nous y songeons, nous nous détachons des croyances sur nous-mêmes et de la peur de ce qui peut arriver – ou non. Si nous craignons de lâcher prise, car nous avons été déçus ou blessés autrefois, ou si nos erreurs passées occupent encore une grande place dans notre imagination, nous devons nous rappeler de vivre dans le présent, d'apprécier tout ce qu'il y a de bien dans notre vie, et nous efforcer de ne pas vivre sous le nuage sombre de l'attente.

1. Il n'y a pas moyen d'échapper au fait de vieillir.
2. Il n'y a pas moyen d'échapper à la maladie à un moment ou un autre au cours de la vie.
3. Il n'y a pas moyen d'échapper à la mort.
4. Il est dans la nature de toutes les choses et de tous les êtres qui me sont chers de changer. Je ne peux échapper au fait d'être un jour séparé d'eux.
5. Tout ce que je possède, ce sont mes pensées, mes paroles et mes actes. Il n'y a pas moyen d'échapper à

> leurs conséquences ; ils constituent l'assise sur laquelle je me tiens.

Méditer sur ces phrases nous permet de ramener ces peurs au cœur de la conscience. Au lieu de les nier, nous les mettons en perspective pour nous rappeler qu'elles sont partagées par tout le monde. Nous ne pouvons pas arrêter le temps, à chaque seconde, nous vieillissons, nous connaîtrons la maladie un jour ou l'autre (même si l'on peut en faire beaucoup pour être en bonne santé) et nous finirons par mourir. Une fois que nous acceptons pleinement ces faits, nous nous éveillons à notre vie telle qu'elle est : nous nous réjouissons de nos relations amicales ou amoureuses, au lieu d'en chercher les failles ; nous profitons au mieux de notre corps et de notre santé, en nous efforçant de prendre soin de nous ; nous acceptons les blessures anciennes et les erreurs passées, sans les laisser influer sur notre présent ou notre avenir.

Ces rappels honnêtes et sans concession dépassent la multitude de prétextes et de justifications que nous inventons pour ne pas affronter nos peurs – pour maintenir le *statu quo* de la vie au lieu de le remettre en question. Cette sincérité permet à notre nature profonde d'émerger, nous incitant à être encore mieux dans notre peau et à aborder la vie plus sereinement. Nous entendons la voix de notre cœur et nous avons le courage de suivre ce qu'il nous dicte.

Le fait de comprendre que l'unique manière de changer est de changer nos pensées et nos actes est libérateur en soi et nous permet de nous concentrer sur ce que nous pouvons améliorer, au lieu de nous raccrocher à des erreurs et des blessures qui ne sont plus. La seule chose qui compte, c'est aujourd'hui – revenons dans le présent pour découvrir la richesse de notre vie.

Le temps n'attend pas, ne remettez pas votre bonheur à plus tard, vous n'avez pas une minute à perdre.

MÉMENTO

ACCEPTER SES PEURS

- Vous n'avez aucune certitude sur l'avenir, engagez-vous dès aujourd'hui à cesser de consacrer autant de temps et d'énergie à vous inquiéter de ce qui arrivera.
- Puisez de l'inspiration dans vos peurs – elles ont souvent le pouvoir de vous faire évoluer.
- Demandez-vous : « Pourquoi pas ? » Pourquoi ne pas saisir l'occasion ? Pourquoi ne pas essayer ?
- Si, malgré votre peur, vous avez envie de sortir de votre cocon en vous lançant dans une nouvelle expérience passionnante, exercez-vous à vous concentrer sur le souffle (*cf.* p. 73) et, lorsque vous sentez votre corps et votre esprit se relâcher, demandez-vous : « Qu'est-ce que je veux vraiment ? » N'ayez pas peur d'écouter votre cœur.
- À mesure que vous renouerez avec votre nature profonde et votre voix intérieure grâce à la méditation et la pleine conscience, vous gagnerez en confiance.

UN ACTE DE BONHEUR GRATUIT

Pensez à trois de vos forces : par exemple, êtes-vous gentil, inventif, minutieux, doué pour la négociation, adaptable, optimiste, meneur d'hommes ? Comment pouvez-vous aujourd'hui mettre ces qualités au service des autres ?

10

Se réconcilier avec toutes ses émotions

Pour chaque minute de colère,
on perd soixante secondes de bonheur.

attribué à Ralph Waldo Emerson

Les émotions négatives telles que la colère, la cupidité et l'orgueil sont néfastes pour l'équilibre et le bonheur de l'esprit, mais au lieu d'essayer de les réprimer ou de les ignorer, il est préférable d'observer attentivement à quels moments elles apparaissent et d'où elles proviennent. En reconnaissant les émotions négatives et en comprenant ce qui les provoque, vous pourrez vous en défaire plus facilement.

Un des plus grands obstacles au bonheur, et qui me semble de plus en plus répandu, c'est la colère. Cela m'attriste tellement. Il y a cette colère manifeste et d'une extrême dangerosité qui façonne l'esprit des terroristes et de ceux qui portent atteinte aux autres. Et puis il y a la colère que je vois régulièrement dans la rue. De nos jours, les gens s'énervent à la moindre provocation – on la sent bouillonner en eux avant même qu'elle n'explose. Ou un piéton se fait dépasser dans la rue, et on le voit s'enflammer aussitôt comme une allumette. Quelqu'un leur est passé devant, et alors ? Est-ce si grave ?

On a parfois l'impression que les normes de comportement en vigueur dans la société alimentent ce type de colère ; les lois donnent aux gens le sentiment d'avoir le droit d'être en colère. J'ai rencontré une Anglaise qui m'a raconté que, chez elle, il y avait des « espaces calmes » dans les trains. Sur le principe, l'idée n'est pas mauvaise, mais lorsque certains passagers ne voient pas les panneaux et bavardent au téléphone, les autres commencent à bouillir intérieurement jusqu'au moment où ils se mettent en rage et fusillent du regard le coupable en lui montrant ce qui est écrit. Naturellement, je comprends que nous essayons tous d'agir conformément à des valeurs, mais nous avons tendance à nous indigner dès que les autres ignorent le règlement ou ont de tout autres principes. J'avoue que je peux être un vrai moulin à paroles et il est probable que je me ferais réprimander dans ces wagons – mais ce qui m'inquiète dans ce type de réaction, c'est la colère ; elle ne fait que causer de la souffrance, et avant tout à la personne qui s'y raccroche.

Sans une certaine « bienveillance », le bonheur ne peut pas régner dans notre esprit. Si nous ne sommes pas bienveillants envers les autres, envers la nature et envers nous-mêmes, nous ne laissons aucune chance au bonheur. Alors, même si vous n'aimez pas ce que vous voyez dans le miroir quand vous vous regardez en face, soyez indulgent avec vous-même et bienveillant à l'égard de toutes vos émotions. Si vous êtes incapable de faire preuve de compassion envers vous-même, comment voulez-vous contribuer à rendre le monde plus heureux ? Vous gaspillez l'extraordinaire potentiel qui est le vôtre en vous concentrant sur ce qui vous déplaît chez vous-même et chez les autres.

Inutile de porter sa colère en soi

La force de Carrie, c'est son côté passionné, mais parfois, nous devons reconnaître que certaines émotions peuvent nous freiner. Elles n'en sont pas moins importantes, mais nous pouvons apprendre à gagner en confiance afin de les reconnaître et de nous en défaire, au lieu de les porter constamment en nous :

> Je me souviens que, lors d'un Pad Yatra, nous avons rencontré un homme dont nous avons appris qu'il achetait des objets artisanaux à bas prix dans les villages locaux dans l'intention d'en tirer d'énormes bénéfices une fois rentré chez lui. En tant qu'avocate, j'étais scandalisée par cet homme et je me suis disputée avec lui, là, au milieu du chemin. J'avais le sentiment de devoir défendre les gens et leurs villages, dont certains figuraient sur l'itinéraire du Pad Yatra. La discussion est devenue si houleuse que nous avons failli en venir aux mains, ce qui est fou car cet homme aurait pu littéralement me pousser dans le précipice. Heureusement, personne n'a été blessé, mais j'étais hors de moi, et quand j'ai parlé à Sa Sainteté plus tard dans la journée, je lui ai tout raconté et lui ai dit que nous devions faire en sorte que cet

> homme soit arrêté et poursuivi en justice. Sa Sainteté m'a répondu oui, oui, nous allons nous assurer que les autorités soient prévenues afin qu'elles puissent faire le nécessaire, puis il m'a regardée droit dans les yeux et s'est mis à rire de son merveilleux rire plein de bonté. J'étais tellement emplie de colère que j'avais du mal à croire que Sa Sainteté se moque de moi, puis je me suis dit que la scène devait être comique : deux personnes qui se criaient dessus à flanc de montagne, au beau milieu de l'Himalaya. Puis il m'a dit : « Bon, vous allez laisser votre colère ici ou la porter tous les jours, parce qu'on a encore du chemin à faire. »

Ce qui est extraordinaire, c'est qu'il suffit souvent de regarder en face une colère ou une envie irrésistible pour qu'elles s'évaporent aussitôt. Certes, c'est difficile sur le moment, mais si vous prenez le temps d'analyser cette émotion une fois que vous êtes calmé, c'est souvent un moyen de sortir des pensées négatives et de voir les choses sous un autre angle.

Le temps de la réflexion

Donnez-vous l'espace nécessaire pour tirer la leçon des échanges que vous avez avec les autres, vous inspirer de ce que vous enseignent vos amis, par exemple, de vos déceptions ou même de votre colère. En observant mieux votre esprit, et par conséquent vos réactions, vous vous ménagerez peu à peu juste ce qu'il faut de distance pour pouvoir calmer le jeu. Autrement, plutôt que de tirer ces enseignements, vous risquez d'avoir l'impression que tout vous reste en travers de la gorge. Et le lendemain, plutôt que d'être heureux ou résolu à changer votre vie ou à évoluer intérieurement, vous aurez le sentiment d'avoir le cœur et l'esprit épuisés, comme s'ils souffraient d'une gueule de bois. Une sorte d'abattement s'empare de vous, créant souvent une souffrance inutile et, au lieu de vous ressaisir pour voir ce que la journée vous réserve d'intéressant, vous restez enfermé dans la négativité.

Nos émotions sont nos professeurs et nous indiquent généralement à quel moment nous avons besoin d'entrer davantage en relation avec les autres, au lieu de rester sur notre réserve et d'être jaloux, frustrés ou inquiets à l'idée de ce qui peut arriver. Alors, quand vous êtes contrarié par les autres, évitez de fuir ou de vous laisser emporter par des émotions comme la colère ou la déception. Accordez-vous une seconde, le temps de mettre un peu de distance entre vous et la colère. Rendez-vous compte que la colère que vous éprouvez physiquement n'est qu'une sensation passagère, pareille à un nuage qui masque temporairement la chaleur du soleil. Laissez-la s'éloigner au lieu de la retenir. Comprenez que vous n'êtes pas la colère, mais que vous ressentez de la colère. Ce sera pour vous une des meilleures leçons qui soient.

Nombreux sont ceux d'entre vous qui n'ont aucune distance avec leurs émotions. La colère ou l'impatience donnent l'impression d'être instantanées, comme si elles étaient indépendantes de leur volonté. Cela exige beaucoup d'effort, mais si vous pouvez ménager ne serait-ce qu'un minuscule espace entre les idées que vous avez en tête et les émotions qui surgissent, votre esprit pourra filer plus aisément entre les rochers et dans les rapides – non parce que vous vous laisserez porter aveuglément par le courant, ballotté par les vagues, mais parce que vous saurez habilement naviguer en restant attentif à ce qui se passe autour de vous. Vous vous apercevrez petit à petit que vous êtes plus enclin à vous montrer bienveillant à l'égard de vos émotions, que vous avez davantage le temps de négocier en douceur les obstacles de votre vie, au lieu de passer brusquement d'une réaction extrême à l'autre. Vous pourrez ainsi profiter bien plus du voyage : vous aurez le temps d'admirer la beauté de ce qui vous entoure, d'écouter les oiseaux ou les gens qui vous sont chers, au lieu d'être submergé par des torrents de pensées et d'émotions.

Naturellement, ces émotions sont toujours là, mais en ménageant un peu d'espace autour d'elles, vous pouvez apprendre à les connaître et comprendre d'où elles viennent. Le meilleur moment pour vous exercer, c'est lorsque vous éprouvez une émotion telle que la colère ou l'impatience. Inutile de voir ces émotions comme des ennemies, vous risqueriez de vous en vouloir d'être coléreux ou impatient, ce qui ne ferait que vous contrarier davantage encore. Vous pouvez inverser les choses et vous en faire des alliées. Au lieu de rejeter vos émotions, imaginez de quelle façon vous pourriez les transformer. C'est un peu comme si vous affrontiez un adversaire bien plus fort que vous : le mieux, c'est de discuter avec lui – il en va de même avec vos émotions. Examinez-les, demandez-vous quelle est leur raison d'être et rappelez-vous que quoi qu'il arrive sur le moment, rien ne vous oblige à vous cramponner à vos réactions.

Si l'on se raccroche à la colère, on finit par se consumer. Lorsqu'on a une certitude inébranlable de ce qui est bien ou mal, on repousse le bonheur à force d'être obstiné et attaché à son ego. On ressasse les disputes ou les situations et au lieu de faire la paix, on est encore plus indigné ou blessé en revivant sans cesse ce qui s'est passé. La colère et les autres émotions négatives ont la faculté de fermer l'esprit, donnant l'impression d'être à l'étroit, de ne plus pouvoir respirer. Un esprit empli de haine détruit tout ce qui est positif et mine les capacités de compassion et de bonté. Il est impossible d'éprouver de la joie si l'on est rongé par la colère.

Je conseille toujours aux gens : « Restez sur votre coussin à observer vos émotions. » Lorsque nous écartons toutes les autres distractions de la vie, nous demeurons face à notre esprit. Nous pouvons alors nous servir de ce que nous avons en tête pour nous exercer à la patience, la compassion et l'amour, si bien que les émotions comme la colère ou la jalousie s'estompent peu à peu. J'aime bien la formule « toutes choses égales ». Car au bout du compte, tout est égal – rien n'est permanent, tout disparaît, pourquoi se cramponner à des choses qui ne sont même plus là ?

Il faut de nombreuses années de pratique, mais ce qu'il y a de bien, c'est qu'il suffit d'un peu plus de compréhension pour améliorer sa vie et aider le bonheur à s'épanouir.

Le bonheur est patient

Si l'on a de la patience et de la tolérance, c'est déjà beaucoup. En s'exerçant à la patience, on crée peu à peu une très légère distance, qui donne un peu de place pour réfléchir et trouver des compromis avec des gens ou face à des situations qui vous rendent d'habitude malheureux. Avec un peu de recul, aussi insignifiant soit-il dans un premier temps, c'est nettement mieux.

Les gens ont parfois un comportement que vous trouvez choquant et que vous avez du mal à accepter, car il n'est pas conforme à vos attentes, vos désirs et vos croyances. Vous aimeriez que tout le monde vous comprenne, mais vous êtes incapable d'accepter les autres tels qu'ils sont. Si vous ne vous efforcez pas d'être plus indulgent, de laisser les autres vivre comme ils l'entendent, ce type d'impatience risque d'être un obstacle majeur à votre bonheur.

Quand vous êtes en situation difficile avec quelqu'un, le meilleur moyen de vous exercer à la patience, c'est d'essayer de vous mettre à sa place. Respirez et rappelez-vous que cette personne essaie seulement de mener sa barque et qu'elle éprouve la même incompréhension, le même attachement à ses convictions que vous-même sur le moment.

Si l'on ne s'exerce pas à la patience, on est incapable de maîtriser sa colère le moment venu et le bonheur ne tarde pas à être masqué par les sentiments négatifs que l'on nourrit à l'égard des autres, de la vie, de l'univers et parfois de soi-même. On tombe alors dans le piège qui consiste à se rejeter mutuellement les torts.

MÉMENTO

MÉDITER SUR SA VIE QUOTIDIENNE

- Comment je fais face à ce qui m'arrive dans la vie ?
- Qu'est-ce qui déclenche des émotions négatives chez moi ?
- Qu'est-ce que je vais essayer de faire à la place dans tel ou tel cas ?

Ce type de méditation vous permet de réfléchir à vos émotions et au fait que vous pourriez vous exercer à réagir différemment face à ces mêmes situations contrariantes.

MÉMENTO

SE RÉCONCILIER AVEC TOUTES SES ÉMOTIONS

- N'essayez pas de réprimer les émotions négatives. Il faut reconnaître ses émotions pour pouvoir s'en défaire.
- Rappelez-vous que toutes vos émotions sont légitimes, mais *vous n'êtes pas vos émotions* – vous n'êtes pas la colère, vous n'êtes pas la jalousie.
- Si vous vous raccrochez à la colère, vous vous consumerez.
- Exercez-vous chaque jour à la patience.

UN ACTE DE BONHEUR GRATUIT

Quand vous êtes dans une file d'attente, en voiture, en chemin vers le bureau – n'importe où –, prenez quelques secondes pour souhaiter le bonheur aux gens qui vous entourent. Faites-le tous les jours et cela deviendra vite automatique, et tout comme le fait de se concentrer sur le souffle, cette habitude mentale vous donnera graduellement de plus en plus d'espace pour choisir vos réactions émotionnelles dans telle ou telle situation.

11

Cesser de comparer

La comparaison est une voleuse de joie.

attribué à Theodore Roosevelt

Quand vous regardez votre vie en essayant de jauger votre bonheur, vous comparez-vous aux autres ? De nos jours, les gens passent leur temps à tout comparer pour établir un ordre ou un classement. Même les enfants sont évalués dès le début de leur scolarité et comparés les uns aux autres. C'est à croire que nous ne savons qui nous sommes que relativement aux autres – je suis meilleur que lui, j'ai moins réussi qu'elle. Le statut devient l'étalon du bonheur. Et si nous gagnons mieux notre vie que d'autres, nous nous croyons plus heureux.

On nous apprend que la compétition est saine – que c'est le meilleur moyen de nous encourager à nous dépasser et de chercher à améliorer nos conditions de vie, que cela crée un environnement exigeant qui, à son tour, élève le niveau. Mais je ne vois pas quel plaisir on peut éprouver à gagner quand quelqu'un d'autre perd.

La comparaison fait peser sur les gens un véritable fardeau. Si l'on se compare aux autres, on risque d'être jaloux, de douter de soi et de ses aptitudes, de se dire que l'on n'est pas à la hauteur. Cette volonté de perfection, d'être « incomparable », ronge les gens de l'intérieur, car la perfection est impossible à atteindre. La déception est inévitable.

Accroître sa flexibilité mentale

Qu'est-ce que le statut ? Comment se fait-il que nous en ayons fait une condition du bonheur ? Au bout du compte, à nos yeux, il y aura toujours quelqu'un de « mieux » que nous.

Nous pensons qu'en impressionnant les autres d'une manière ou d'une autre, nous éprouverons du bonheur. Mais dès que nous croyons être meilleurs qu'eux, nous nous isolons dans une position de supériorité morale qui nous empêche d'entrer réellement en relation et d'échanger avec eux.

Je me souviens que lors de notre premier Pad Yatra, je pouvais à peine bouger après la première journée passée à ramasser les déchets en traversant les villages. Le lendemain, j'étais si raide que j'avais du mal à me courber pour ramasser quoi que ce soit, mais je n'oublierai jamais la grande leçon que nous a enseignée notre corps ce jour-là. Si nous ne nous penchons jamais, notre corps devient rigide et incapable de souplesse et nous avons de plus en plus de mal à nous plier. Il en va de même de l'esprit : si nous ne nous exerçons pas à nous courber pour regarder les sans-abri dans les yeux quand nous leur donnons une pièce ou à manger, si nous ne nous exerçons pas l'esprit à nous mettre à la hauteur de ce que pensent ceux que nous aimons, mais que nous vaquons à nos occupations quotidiennes en nous croyant sur notre piédestal, nous ne connaîtrons jamais la véritable souffrance, nous passerons à côté de toutes les leçons que la vie a à nous apprendre et ne connaîtrons jamais le bonheur.

Nous passons tous notre temps à comparer, et pourtant, nous sommes tous dans le même bateau, en route vers la même destination.

Laisser faire

Ne juge pas. Mêle-toi de tes affaires.

Si nous pouvions nous libérer l'esprit en cessant de constamment critiquer, désapprouver, nous inquiéter, regretter que les choses ou les gens ne soient pas autrement – pour *laisser faire* intérieurement, nous serions tellement plus à l'aise. Avec l'esprit plus souple, nous avons bien plus de liberté. Certes, il est important de savoir remettre en question, analyser, faire preuve de curiosité d'esprit, mais au lieu d'examiner les autres (« l'ennui avec untel ou untel, c'est que… »), nous pourrions apprendre à laisser les autres libres d'êtres eux-mêmes et consacrer plutôt nos efforts à celui ou celle que nous voulons être.

Il nous arrive presque à tous d'être trop envahissants et d'énerver les gens. Cela peut entraîner de légères discordes, voire de provoquer des disputes dans certaines circonstances. Dans les cas les plus extrêmes, les discordes et les dissensions déclenchent des guerres. Il est donc nécessaire de savoir se maîtriser ou se discipliner, que ce soit pour sa tranquillité personnelle ou l'harmonie collective.

Petit garçon, j'étais très difficile. Aucun moine ne trouvait grâce à mes yeux, aucun monastère – tout était lamentable. Mon père passait son temps à me répéter que je devais m'améliorer et changer d'attitude, que cette transformation intérieure me rendrait plus heureux et moins irritable, car j'aurais une perception plus positive du monde.

Plus récemment, je me suis efforcé d'être moins envahissant durant les Pad Yatra. Je me souviens de l'un d'entre eux en particulier où je voyais les autres agir d'une façon qui ne me plaisait pas : les moniales qui utilisaient l'eau en quantité excessive en se lavant à la moindre occasion, les moines qui mangeaient trop, les étrangers qui bavardaient constamment… Si je m'étais laissé gagner par l'exaspération, cela aurait été vraiment pénible pour moi. Je me suis donc dit : « Allez, laisse-les tranquilles. S'ils ne dépassent pas les bornes, laisse-les s'amuser un peu. » Autrement, j'aurais fini par tout surveiller – leur façon de couper leurs pommes de terre, de cuire leurs aliments ou même de monter leur tente. Et j'aurais été si occupé à épier leurs moindres faits et gestes que je n'aurais rien pu faire moi-même.

En un sens, c'est par souci des autres que nous passons notre temps à les surveiller – c'est par gentillesse, par sollicitude que nous leur disons ce qu'il faut faire ou ne pas faire, même si ce n'est pas notre rôle. Il faut donc savoir se retenir.

Se mêler de ses affaires ne signifie pas pour autant être indifférents ou aveugles à ce qui se passe autour de nous. S'il s'agit de juger les autres, il ne faut pas nous mêler de ce qui ne nous regarde pas, mais en revanche, nous devons offrir notre aide si nécessaire. D'une certaine façon, c'est un peu comme si nous étions des parents les uns pour les autres : surveillant leurs premiers pas dans notre coin quand ils apprennent à marcher, les laissant se débrouiller du mieux qu'ils peuvent, tout en étant là pour les soutenir si jamais ils tombent.

Vivre avec audace

Quand les gens bavardent ensemble, ils ont tendance à se plaindre ou à critiquer facilement. Il est rare qu'ils fassent des compliments sur les autres, encore moins sur ceux qu'ils n'aiment pas. La conversation tourne tellement autour de l'ego qu'ils en oublient d'avoir l'audace d'être différents, positifs, compréhensifs.

On nourrit son ego pour se faire plaisir sur le moment, mais après, on éprouve un sentiment de malaise. On a peut-être l'impression de faire partie du groupe, peut-être même d'être tous unis par nos griefs communs, mais en définitive, ceux-ci ne font que dresser de nouvelles barrières, car nos natures profondes ne s'entendent pas – seulement nos egos. Notre ego s'enferme dans un sentiment de supériorité, mais on s'aperçoit parfois que ce sentiment ne tarde pas à s'estomper devant notre véritable nature qui transparaît. C'est dans ces moments-là que l'on peut discerner la différence entre l'ego et la nature profonde, aussi ayez l'audace de saisir cette occasion.

Un héros est quelqu'un qui a l'audace de vivre heureux, de vaincre son ego et de contrôler ces émotions dues à la jalousie, le manque d'assurance ou l'orgueil qui nous font faire ou dire des choses qui blessent les autres. C'est normal de faire des erreurs, mais il faut avoir le courage d'en tirer des enseignements et de vouloir s'améliorer. Mais avec la volonté d'évoluer, vous ferez peu à peu votre chemin. Et un jour, sans même vous en apercevoir, vous deviendrez quelqu'un de formidable et généreux.

Définir ses valeurs et ses intérêts réels

Le bonheur appartient à ceux qui se suffisent à eux-mêmes.

Aristote

Prendre le temps de lire un livre comme celui-ci est semblable à la méditation. Cela vous donne un peu d'espace pour explorer ce qui vous motive réellement, ce qui compte pour vous. Si personne ne regardait, quel genre de personne aimeriez-vous être ? Si vous renonciez au besoin d'éloge ou d'approbation – si cela vous était égal qu'on vous remarque ou non – qui aimeriez-vous être ?

Dans les enseignements bouddhistes, nous nous efforçons de développer les facultés humaines de patience et de tolérance et de ne pas nous mêler constamment des affaires des autres. Nous développons par ailleurs nos valeurs et nos intérêts en examinant ce que la vie nous inspire, ce que nous aimerions être et ce que nous pourrions faire pour être en accord avec ces valeurs. Lorsque nos pensées, nos paroles et nos actes sont en harmonie, nous sommes véritablement entraînés dans le flot de la vie.

Nous pouvons nous appuyer sur ce que nous vivons chaque jour pour étudier nos valeurs, nos forces et nos passions :

- Avons-nous réagi comme nous aurions voulu dans telle ou telle situation ?
- Aimerions-nous améliorer un aspect de nous-mêmes que nous avons entrevu aujourd'hui ?
- Menons-nous une vie qui nous intéresse véritablement ?

Comment réagit-on à la critique ?

Avez-vous tendance à mal prendre les critiques ? Imaginez-vous que les gens vous critiquent dès qu'ils disent ou font quelque chose ? À moins que vous n'ayez besoin que l'on vous fasse des compliments pour vous sentir légitime et digne d'intérêt – avoir l'assurance d'être à la hauteur.

Si vous êtes très touché par les critiques ou les compliments, vous devez apprendre à développer votre autonomie. Sachez quels sont vos points forts pour être à l'aise avec vous-même sans avoir besoin de l'avis des autres. Dès que vous sentez une pointe de critique, essayez de prendre une très légère distance pour y voir plus clair au lieu de la prendre aussitôt à cœur et d'être blessé. Est-ce une critique constructive ? Si oui, tant mieux – tirez-en la leçon et voyez-y l'occasion d'évoluer ou d'apprendre. Si elle est due à l'ignorance, ayez le courage de voir tout de même si vous pouvez en tirer un enseignement quelconque tout en vous disant qu'elle n'a peut-être pas grand-chose à voir avec vous, mais davantage avec la personne qui vous l'a adressée.

Sachez que si vous avez tendance à réagir violemment à la critique, il se peut que, de votre côté, vous ayez la dent dure. En vous exerçant à éviter de critiquer et de porter trop de jugement sur les autres, vous serez bien plus en mesure de supporter vous-même la critique sans dramatiser à outrance. Si vous êtes toujours en quête de perfection et piqué au vif lorsqu'on vous fait comprendre qu'évidemment vous êtes loin d'être parfait, exercez-vous à la patience et à la tolérance vis-à-vis du point de vue d'autrui. Si vous trouvez que quelqu'un se montre impoli à votre égard, dites-vous : « Et alors ? Est-ce que cela va changer ma vie ? » Le plus souvent, de toute façon, c'est dû à un malentendu. Et même si cette personne se montre très grossière, il est inutile de réagir vous-même avec grossièreté ou colère. Vos convictions et vos principes vous semblent peut-être parfaitement « légitimes », ce ne sont que des étiquettes. Ils ne constituent pas une « vérité universelle ».

Beaucoup d'entre nous aimeraient être « bons juges », avoir la fierté de savoir apprécier correctement quelqu'un ou quelque chose ou encore une situation. « Je le savais », murmurons-nous à notre ego en nous gonflant d'orgueil au point d'avoir du mal à passer la porte. Certes, il faut écouter notre sagesse profonde, mais il est également important de savoir distinguer la sagesse de l'ego pour pouvoir laisser faire au lieu de juger et de critiquer. Les Tibétains ont un merveilleux dicton à ce sujet – il est plus facile de voir la mouche sur le nez du voisin qu'un cheval sur le sien !

Une légère distance

Clare a toujours eu une image figée d'elle-même, mais elle se défait peu à peu de ses croyances et s'accorde un peu de distance entre ses réactions et les situations auxquelles elle est confrontée :

> Les gens croient que je suis quelqu'un de très calme et détendu, et c'est en partie vrai. J'ai un travail, une famille et des amis formidables. Je n'ai aucune raison de me faire du souci, et pourtant je m'inquiète constamment, en particulier de ce que les autres peuvent penser de moi. Quand j'entre dans une salle pleine de gens, je me dis d'emblée que personne ne voudra m'adresser la parole. Je me suis toujours vue comme quelqu'un de timide et d'introverti, mais cela fait rire mes amis qui me font remarquer que je parle à n'importe qui et qu'il n'y a pas moins timide et moins introverti que moi.
>
> Je me suis aperçue que mon perfectionnisme est ce qui m'empêche le plus d'être véritablement heureuse. Cela me pousse à facilement critiquer les autres et à me sentir ridiculement blessée dès que l'on me critique, moi. Parfois, les gens ne veulent même pas me critiquer – ils me montrent seulement ce qu'il faut faire. Ou encore, j'ai l'impression que les gens m'ignorent, alors qu'ils ont simplement des choses à faire.

À mesure que j'observe mon esprit, je commence à comprendre ce qui se passe dans ces situations. Je m'aperçois que je réussis à m'interroger sur ce qui a pu me contrarier ou me pousser à critiquer les autres et à me défaire plus rapidement des émotions qui y sont associées. Ma détermination à être moins critique et moins attachée à mon sens de la perfection commence à porter ses fruits – de façon ponctuelle, pour l'instant, mais je sais qu'avec beaucoup de pratique, je réussirai à accroître la distance entre une situation précise et les réactions émotionnelles qu'elle suscite. Il ne s'agit pas de renoncer à mon côté passionné ou de ne plus avoir d'opinions qui diffèrent de celles des autres, mais j'espère accepter plus facilement les différences et apprendre à tirer les leçons des critiques, si elles sont utiles, et laisser tomber si elles concernent davantage l'autre et qu'il n'y a pas de quoi s'en rendre malade.

La joie de la satisfaction

Selon moi, le bonheur est la satisfaction. Cela peut paraître étrange pour certains – cela semble relativement éloigné du plaisir ou même de la joie. Mais de mon côté, si je suis satisfait de quelque chose, d'une relation, par exemple, ou du travail que je fais aujourd'hui, ou de ce que je suis en train de manger, alors je suis heureux, je suis empli de joie. Ce n'est pas une satisfaction liée au fait d'obtenir quelque chose ou de répondre à une condition que je me serais imposée au préalable pour m'autoriser à être heureux, mais bien plutôt la relation que j'entretiens avec ma vie telle qu'elle est, là, maintenant. L'essentiel, c'est de comprendre que, quels que soient les changements de conditions extérieures, c'est ma propre perception qui attache une signification à ces circonstances. Si je sais que j'ai fait de mon mieux, que j'ai de bonnes intentions, il m'est plus facile d'accepter ce qui est indépendant de ma volonté, et je possède la clé de mon bonheur et de ma joie.

Certains ont le sentiment que la clé du bonheur est le succès, et le fait est qu'il peut être très agréable de réussir dans un domaine ou un autre, naturellement. Mais je crois que le bonheur apparaît quand nous sommes satisfaits – car si nous ne sommes jamais satisfaits, malgré tout le succès que nous pouvons rencontrer, nous avons toujours l'impression de devoir faire encore mieux. Nous ne prenons jamais le temps de nous réjouir et de profiter de ce que nous avons dans le moment présent, et nous nous lançons dans une perpétuelle course en avant.

On confond parfois la satisfaction et la complaisance, mais à mon sens, ce n'est pas la même chose. La satisfaction, ce n'est pas se dire : « Formidable, maintenant que je suis satisfait de ma vie, je vais pouvoir me reposer. » La satisfaction naît de la joie de l'effort – de la conviction d'avoir fait de notre mieux aujourd'hui, de notre capacité à nous adapter au changement, à apprécier pleinement la vie et l'amour qui sont les nôtres.

Lorsque nous éprouvons de la satisfaction, nous ressentons moins le besoin de nous raccrocher à notre succès, nos relations et nos opinions, et nous avons moins peur de perdre ce que nous avons, ce qui rend la vie bien plus facile et agréable. Au lieu de dépenser de l'énergie psychique à nourrir de l'anxiété, en nous comparant sans cesse aux autres pour mesurer notre statut dans le monde, nous nous consacrons à la seule personne sur laquelle nous pouvons influer : nous-mêmes. Au lieu d'exiger que notre compagne, notre compagnon ou nos amis soient comme ceci ou comme cela, nous nous efforçons d'être nous-mêmes le plus affectueux, le plus prévenant des compagnons ou des amis et nous laissons les autres libres d'être eux-mêmes.

Une journée sans opinions

Renoncez aux opinions le temps d'une journée. Que vous ayez tendance à critiquer les autres ou vous-même, exercez-vous à laisser faire.

1. Si l'on vous demande constamment votre avis, faites une pause et demandez aux gens ce qu'ils pensent devoir faire au fond d'eux-mêmes en se fiant à leur sagesse profonde.
2. Si vous aimez que tout soit parfait, observez une journée de laisser-aller.

3. Soyez tolérant à l'égard des opinions et des façons d'être des autres ; vous n'avez aucunement à renoncer à ce que vous êtes – il s'agit seulement d'essayer de vous mettre à leur place.
4. Soyez attentif à vos paroles aujourd'hui, refrénez toute envie de corriger les autres à moins que ce soit réellement utile.
5. Évitez les comparaisons pendant toute la journée ; soyez fidèle à vous-même et à vos valeurs.

Le don du silence

Le silence est un ami qui ne trahit jamais.

Confucius

Je crois foncièrement qu'il faut se jeter à l'eau et prendre la vie à bras-le-corps. Mais je crois aussi que le silence a beaucoup à nous apprendre. C'est dans ces moments-là que nous pouvons nous laisser aller ou nous encourager à un état plus contemplatif et entreprendre réellement d'accroître notre lucidité.

Nous perdons facilement du temps ou de l'énergie en commérages, tout en nous plaignant que les journées ne soient pas assez longues pour faire tout ce que nous avons à faire. Alors, au lieu de passer notre temps à parler, à nous tourner vers l'extérieur, profitons du silence pour regarder au-dedans de nous-mêmes. N'ayez pas peur du silence. N'ayez pas peur de rester immobile. Certains ne peuvent pas tenir en place cinq minutes sans être stressés et impatients de se lever pour faire quelque chose, ou du moins dresser mentalement la liste de ce qu'ils ont à faire. Mais c'est dans ces moments que la nature profonde s'épanouit et grandit et que la vie extérieure s'améliore naturellement sans que l'on ait besoin de s'en préoccuper outre mesure.

Nous n'exerçons aucun contrôle sur ce qui est extérieur à nous, que ce soient les pensées, les paroles ou les actes des autres, mais nous pouvons consacrer un peu de temps à la façon dont nous évoluons personnellement. Ce sont des moments où nous pouvons interroger nos intentions et nos motivations, et nous demander si nos paroles et nos actes sont en accord avec celles-ci. Nous pouvons nous souvenir de tout ce que nous apprécions dans notre vie, reconnaître nos émotions et même les choses qui nous contrarient – nous pouvons les accepter et poursuivre notre vie en passant à autre chose.

Il faut observer son esprit, car l'esprit est
sans nul doute le gourou.

Milarepa

Si nous n'y prenons garde, nos attitudes mentales risquent de dresser un rempart autour de nous. Cela peut créer des obstacles qui nous empêchent d'établir des relations authentiques avec les autres (et n'est-ce pas l'essentiel dans la vie ?). Le secret, c'est la souplesse : ne vous empressez pas de critiquer ou de marquer votre désaccord, laissez tomber. Évitez de parler des autres ; cela engendre trop de négativité. Quand nous parlons des autres de façon négative, nos pensées sont tout aussi négatives. Comment voulez-vous que cela contribue à notre bonheur ?

Si vous avez du mal à vous adapter à la façon de faire de quelqu'un d'autre, peu importe, faites comme bon vous semble ; mais de même, il est inutile d'imposer votre façon d'être aux autres. Réjouissez-vous des différences. Voyez les qualités des autres, au lieu de souligner aussitôt ce qu'ils doivent améliorer. Faites ce que vous dicte votre cœur et encouragez les autres à en faire de même.

MÉMENTO

CESSER DE COMPARER

- Souvenez-vous que vous êtes déjà à la hauteur – votre nature profonde est merveilleuse, vous n'avez pas besoin d'être meilleur que quiconque, ni de vous soucier que les autres soient meilleurs que vous.
- Exercez-vous à laisser faire. Laissez les autres être eux-mêmes – qui sommes-nous pour juger ? – et efforcez-vous plutôt d'améliorer votre esprit et de vivre votre vie.
- Si personne ne regardait, quel genre de personne aimeriez-vous être ? Comment pouvez-vous développer cet aspect de vous-même ; que pouvez-vous faire aujourd'hui ?
- Ayez l'audace de rester à l'écart des commérages ou des lamentations et le bonheur vous trouvera.

UN ACTE DE BONHEUR GRATUIT

Plantez un arbre : il y a quelques années de cela, nous avons lancé un magnifique projet de plantation d'arbres et nous avons battu le record du nombre d'arbres plantés en une heure. C'était un jour merveilleux et je ne crois pas avoir jamais vu autant de visages rayonnants de bonheur.

J'aime profondément les arbres. Ils nous donnent tant de choses : ils protègent les pentes des coulées de boue qui dévastent des villages entiers, ils assainissent l'air que nous respirons, ils nous fournissent du combustible, des meubles et même le papier sur lequel ce livre est imprimé, ils nous offrent de la beauté – du chêne majestueux à l'eucalyptus gracile et aux pins des montagnes. Ils comblent nos sens... alors, si vous en avez l'occasion, plantez un arbre, plantez-en autant que vous pouvez.

12

Établir des relations authentiques

Il existe un vaste et immense filet en trois dimensions qui s'étire dans toutes les directions de l'univers. À chaque nœud du filet, se trouve un joyau, dans lequel se reflètent tous les autres joyaux du filet, et ce reflet est réfléchi à son tour dans toutes les facettes des autres joyaux.

Chaque partie du filet est indissociable des autres : le moindre frémissement à un endroit se répercutera à l'extrémité de la toile ou de l'univers. Le tout se reflète dans l'un, et l'un dans le tout.

Sûtra de la guirlande de fleurs

Si l'on me demande ce qu'est mon bonheur, je dirais qu'il est dans l'interconnexion et l'interdépendance, car tout est étroitement lié et interdépendant. Nous ne sommes pas une île. Nous côtoyons tous les jours des gens et toutes sortes d'êtres vivants et si nous nous coupons du monde pour vivre dans notre coquille, nous passons à côté d'innombrables choses que cette vie si précieuse a à nous offrir. Comme le dit un de mes amis, si nous vivons dans notre coquille, nous sommes fous – ne soyez pas fou !

Pour moi, par exemple, le bonheur est d'approfondir mes relations avec mes amis. Il arrive que nous ayons une conversation avec quelqu'un ; au début, nous nous demandons peut-être si cette personne a l'air gentille, si c'est quelqu'un de bien, si nous sommes d'accord ou non avec ce qu'il ou elle dit, ce que nous allons dire après. Il arrive même que nous soyons ailleurs, songeant à tout ce que nous avons à faire aujourd'hui, voire à une conversation que nous avons eue avec quelqu'un d'autre. Quel bonheur peut-il en sortir si nous sommes distraits en permanence, si nous avons tant de mal à rester calmes physiquement et mentalement pour être attentifs à l'autre ?

Mais peu à peu, grâce à l'intention puis à la pratique qui aiguise notre attention, nous apaisons ces pensées superficielles et entrons plus profondément en relation avec l'autre. Nous sentons l'énergie circuler entre nous, nous voyons peu à peu comment nous mettre à sa place et envisager les choses de son point de vue. Nous pouvons apprendre l'un de l'autre.

Et mon grand bonheur, c'est lorsque j'approfondis encore la relation que j'entretiens avec mes amis, que je plonge au fond de leur cœur et que j'ai la chance de découvrir leur nature profonde dans toute sa beauté.

C'est une question d'entraînement, et non un phénomène qui se produit comme par magie sans que l'on y pense. Quand j'étais jeune, j'avais du mal, car je me laissais emporter par tout ce qui était superficiel, comme la séduction, la jeunesse, le dynamisme des gens. Aujourd'hui – peut-être parce que je vieillis ou grâce à l'entraînement spirituel –, j'ai le temps de redescendre pour plonger au cœur du bonheur.

Il est toujours enrichissant de s'ouvrir à des relations plus profondes avec les autres, mais ce n'est pas nécessairement facile, car c'est à travers le regard des autres que l'on voit ses propres défauts – la dureté, le manque de courage, les jalousies mesquines. On voit en technicolor tout ce que l'on aimerait améliorer et, dans un premier temps, cela peut-être pénible. Mais je vous encourage à persister, car vos imperfections peuvent vous permettre de transformer votre vie.

L'amour

Il y a deux forces fondamentales qui nous motivent : la peur et l'amour. Quand nous avons peur, nous nous retirons de la vie. Quand nous sommes amoureux, nous nous ouvrons à tout ce que la vie a à nous offrir avec passion, enthousiasme et acceptation. Nous avons besoin tout d'abord d'apprendre à nous aimer dans toute notre splendeur et nos imperfections. Si nous sommes incapables de nous aimer, nous ne pouvons pas nous ouvrir pleinement à notre faculté d'aimer les autres et notre capacité de créer. L'évolution et l'espoir d'un monde meilleur reposent sur le courage et la vision généreuse des gens qui prennent la vie à bras-le-corps.

John Lennon

L'amour est au cœur du bonheur ; si nous le laissons faire, l'amour peut être au cœur de nos pensées, de nos paroles et de nos actes.

L'amour sait si bien nous ramener dans le présent. Nous sommes attentifs, généreux, chaleureux, joyeux. Nous devons avoir le courage de nous jeter à l'eau sans savoir ce qui nous attend. Nous devons avoir confiance en l'amour, dans les autres, en nous-mêmes. L'amour nous donne tellement de leçons de bonheur ! L'amour a besoin de tous nos soins, de toute notre attention pour s'épanouir – comme notre esprit et notre vie ; si on le néglige, il peut devenir incontrôlable ou perdre de sa richesse, de sa vitalité et de son éclat.

Naturellement, l'amour que l'on éprouve pour quelqu'un va de pair avec le désir, et il peut donc être utile de s'interroger sur la manière d'aimer profondément quelqu'un sans se cramponner à lui. Nous pouvons aimer inconditionnellement, généreusement, sans soumettre cet amour à de quelconques exigences. C'est un amour dénué de peur où l'on donne du bonheur sans espérer en recevoir, car donner, c'est de toute manière aussi recevoir.

Les relations affectives sont une source de grand bonheur dans la vie, mais parfois également de grand malheur lorsque l'amour semble brisé. L'amour nous rend vulnérables, nous nous ouvrons au monde, nous établissons un lien extrêmement profond avec l'autre, mais si nous sentons que l'amour nous est enlevé, nous pouvons avoir le sentiment d'être rejetés, seuls, et nous dire que la vie est cruelle.

Cependant, je crois tout de même que mieux vaut avoir perdu un amour que ne jamais avoir aimé. En amour – qu'il s'agisse d'amour sentimental, d'amour des siens, d'amitié, d'amour de la nature ou de son travail –, évitez d'imposer le fardeau de vos propres besoins. Ce sont les besoins de votre ego fragile, et non de votre nature profonde. Ce sont les besoins qui renforcent toutes ces croyances limitantes sur vous-même. Mettez de la bonté dans votre amour. Si jamais vous avez l'impression que c'est un amour à sens unique, au lieu de pousser des hauts cris, cherchez à en comprendre la raison en employant tout votre tact. Nous ne pouvons pas changer les autres, mais nous avons la capacité de comprendre avant de décider quelle est la meilleure voie à suivre.

L'amitié

Si vous voulez aller vite, allez-y seul,
mais si vous voulez aller loin, allez-y à plusieurs.

Proverbe africain

Vous le savez, les moments de bonheur passent si vite. Il faut donc apprécier tous les amis que nous nous sommes faits et profiter des instants que nous passons ensemble. Car tôt ou tard, il faudra bien que l'on se sépare.

Je suis parfois inquiet à l'idée que l'on ait pu confier des responsabilités aussi importantes à quelqu'un d'aussi insouciant et désorganisé que moi. La lignée est bien trop belle et trop lourde à porter pour quelqu'un d'aussi incompétent.

C'est donc pour moi une grande chance d'avoir des amis aussi merveilleux – de pouvoir compter les uns sur les autres.

Dans ma jeunesse, déjà, j'étais très proche du Drukpa Yongdzin Rinpoche, qui nous a quittés. Même lorsqu'il faisait des bêtises, il m'interdisait de l'imiter. Il me répétait toujours : « Si tu fais comme moi, je ne te verrai plus ni dans cette vie ni dans celles à venir. » Cela me touchait tellement qu'il ait envie que l'on se retrouve dans nos prochaines vies et que l'on continue à se soutenir. Il voulait que je m'occupe de la lignée pour que ce soit possible. Quel ami merveilleux.

Nos meilleurs amis nous donnent tant de choses grâce à leur amitié, nous nous devons de les chérir. Ils nous donnent leur soutien quand nous sommes en proie à la douleur et la souffrance, et les amis qui nous comprennent peuvent nous éclairer quand nous tâtonnons dans l'obscurité, incapables de nous décider. Les amis nous aident à conserver notre équilibre, ils nous incitent à donner le meilleur de nous-mêmes, ce qui nous aide à nous rapprocher de notre nature profonde et de notre bonheur.

Nos professeurs

J'en suis venu à penser que les grands professeurs sont de grands artistes, et qu'ils sont rares, comme tous les grands artistes. Il se peut même que l'enseignement soit le plus grand des arts car sa matière est l'âme et l'esprit humains.

John Steinbeck

Les grands professeurs qui ont une passion et un amour de l'enseignement fondés sur leur expérience sont une chance pour chaque individu et un grand bienfait pour tous. Le respect et la confiance que nous inspire un grand professeur ou un grand maître nous incitent à agir au lieu de tout mettre sans cesse en question. Certains n'aiment pas l'idée d'avoir besoin de quelqu'un pour les guider et préfèrent trouver seuls leur chemin sans l'aide de qui que ce soit. Mais si nous gardons à l'esprit que c'est à nous de décider quelle voie nous voulons suivre, nous avons tout à gagner d'écouter les sages conseils des autres.

On m'a demandé un jour pourquoi les gens avaient tant de mal à changer leurs habitudes afin de respecter davantage l'environnement, et je crois qu'une des raisons est qu'il n'y a pas suffisamment de grands professeurs dans ce domaine. C'est pourquoi nous sommes si peu nombreux à être déterminés à renouer véritablement avec la nature et à en prendre mieux soin.

La vie est notre professeur

Nous devons nous donner suffisamment d'espace pour apprendre, nous ouvrir au monde, écouter et méditer les leçons que la vie nous offre tous les jours, non seulement grâce à nos professeurs, mais également grâce à nos amis, nos proches, nos collègues, nos supérieurs, les gens avec lesquels nous parlons dans la rue, la nature, notre environnement et notre communauté. La vie est un professeur extraordinaire et apprendre est une des plus belles choses qui soient.

Je suis heureux d'être éternellement sur les bancs de l'école. J'aimerais être un élève appliqué jusqu'à la fin de mes jours. Chaque moment de la vie est riche d'enseignement, mais si nous ne nous ménageons pas l'espace nécessaire pour apprendre, nous risquons de passer à côté de beaucoup de choses. Toutes les interactions me rendent heureux – toutes les conversations, tous les moments d'échange – car elles m'offrent l'occasion d'apprendre. La subtilité avec laquelle l'énergie passe entre les gens, entre tous les êtres vivants, entre nous et la nature, est extraordinaire. Laissez-la circuler – c'est si beau.

Renouer avec le monde

En parvenant à aiguiser son attention et à voir quelles relations on entretient avec le monde extérieur, on apprend peu à peu à mieux se connaître. De nos jours, il y a une véritable rupture entre la façon dont les gens se perçoivent, leurs intentions, leurs actes et les conséquences de ceux-ci sur les autres et sur le monde.

Si l'on prend par exemple l'environnement – une question qui me passionne –, les gens ne mesurent plus l'effet de leurs actes, alors même que le moindre geste peut contribuer à changer les choses. On a beau avoir l'intention d'être plus respectueux de l'environnement, il arrive que l'on ait soif et que l'on achète une bouteille d'eau minérale en plastique sans même se poser de question. Et même si on hésite, la motivation n'est pas suffisante et s'effondre au premier obstacle. Si vous voulez réellement *changer d'état d'esprit*, venez au Népal voir ce que sont devenus nos rivières limpides et nos glaciers immaculés, qui sont aujourd'hui jonchés de bouteilles en plastique. Et sentez le sourire qui s'épanouit sur votre visage en ramassant ces bouteilles pour que ces magnifiques rivières retrouvent leur pureté. Je crois que c'est pareil dans le monde entier – les gens qui nettoient les plages et les parcs de leur région ont toujours l'air heureux. Et ce n'est qu'un des nombreux exemples qui illustrent à quel point il est essentiel pour notre vie et notre épanouissement personnel de renouer avec la nature et les gens qui nous entourent.

Le bonheur est une réaction en chaîne

Lorsque nous comprenons que toutes nos pensées, toutes nos paroles et tous nos actes sont liés par une réaction en chaîne, nous mesurons mieux combien nous influons tous sur les gens qui nous entourent et sur notre environnement, et quelle influence ils exercent sur nous. Voulons-nous exercer une influence positive ou négative ? Là encore, c'est à nous de savoir, de choisir quel type d'énergie ou de karma, comme nous l'appelons, nous voulons donner au monde.

Les gens s'enferment, ils veulent toujours le silence, s'isolent en quête de paix et de calme. Mais si nous n'apprenons pas à éprouver une certaine paix intérieure au beau milieu du chaos, nous risquons d'être facilement en proie à l'agitation. Nous nous énervons dès que les autres nous dérangent. La moindre mouche, le moindre bruit nous agacent, et nos chances d'avoir la tranquillité d'esprit s'amenuisent de plus en plus, car nous imposons des conditions excessives à quelque chose dont nous pourrions bénéficier en toutes circonstances.

Si nous vivons seuls avec nous-mêmes – uniquement dans notre esprit –, notre vie n'existe que dans notre imagination et ne peut être façonnée et transformée par le moment présent ; en un sens, nous ne pouvons pas réellement vivre dans le présent sans interagir avec le monde à l'aide de tous nos sens. Si nous ne vivons qu'en imagination, nous avons tendance à nous raccrocher à notre vision du monde, en croyant que nos opinions et nos pensées sont la seule vérité, la seule réalité, et non une perception ou une interprétation personnelle. Aussi, plus nous communiquons, plus nous entrons en contact avec les autres, plus nous pouvons nous rendre compte que si nous ne voyons pas tous les choses du même œil, nous sommes tous dans le même bateau et nous espérons tous être heureux dans la vie.

Le bonheur ne dépend jamais d'autrui

D'une manière générale, nous aimerions tous que nos relations soient aussi positives et affectueuses que possible, mais nous savons aussi que de multiples obstacles semblent sans cesse mettre notre bonheur en danger. Parfois, nous avons même du mal à poursuivre certaines relations. Au début, si nous devenons amis, c'est que nous voyons mutuellement nos bons côtés. Nous nous disons : « Quelle chance que nous soyons amis ! » Et puis, à mesure que nous devenons plus proches, les émotions s'en mêlent. Cela arrive dans les couples, entre amis, entre les professeurs ou les gourous et leurs élèves.

C'est extraordinaire à quel point nous laissons les autres affecter notre bonheur. Évidemment, il est compréhensible que lorsque les autres semblent nous faire du mal intentionnellement, nous ayons le sentiment que notre bonheur est menacé. Mais dans la vie, il arrive fréquemment d'être victimes d'une erreur d'interprétation – d'être attristés par une situation qui aurait pu être envisagée sous un autre angle. Nous croyons que les autres se sont mis en tête de nous blesser alors qu'en réalité, ils ne se préoccupent que de leur bonheur et de leur succès. Mais même cela nous contrarie : ne pourraient-ils pas penser un peu à nous ? Faire preuve de délicatesse à notre égard ?

Cet état d'esprit nous limite et constitue une entrave à notre bonheur. Nous nous enfermons dans un schéma de pensées négatives : nous nous demandons pourquoi ils ne sont pas plus attentionnés – peut-être qu'ils ne nous aiment ou ne nous respectent pas assez ? –, puis nous nous interrogeons sur ce qui peut bien clocher chez nous pour qu'ils se comportent ainsi à notre égard.

Toutes ces spéculations nous encombrent peu à peu l'esprit. *Si seulement ils pouvaient…* nous serions heureux. Mais lorsque nous faisons dépendre notre bonheur des autres, en un sens nous faisons également dépendre d'eux notre sentiment de valeur – notre confiance, notre estime de nous-mêmes. Par conséquent, si nous cultivons le contentement, qui ne repose aucunement sur les paroles et les actes des autres, nous n'avons plus besoin que les gens agissent de telle ou telle façon ; nous sommes pareils à l'arbre qui peut se balancer au vent tout en restant solidement enraciné. Si nous parvenons à renouer profondément avec notre sagesse et notre force, notre relation à l'autre sera affranchie des exigences et des conditions, nous offrant ainsi de multiples occasions d'être heureux.

En amour comme en amitié, rien n'est jamais acquis

Un des obstacles majeurs qui s'opposent à notre bonheur, selon moi, est l'absence de joie d'être ensemble, de réelle affection mutuelle. Autrement dit, peu à peu, le bonheur que l'autre nous procure cède la place à l'agacement et à la contrariété. Mais si l'on parvient à conserver cette joie d'être avec l'autre, c'est un excellent moyen d'élargir notre compréhension – disons que c'est un pas vers l'éveil, un pas qui nous rapproche de notre nature profonde.

J'ai la chance d'avoir pu conserver de bonnes relations avec mes gourous, mes frères et mes sœurs dans le Dharma et la plupart de mes élèves et mes amis. Évidemment, comme rien n'est parfait, il arrive que certaines de ces relations se dégradent ou deviennent nocives. Mais je crois avoir fait de mon mieux pour entretenir avec sincérité toutes celles qu'il me reste.

Efforcez-vous de vous réjouir de tout ce que les autres font de bien. Réjouissez-vous de tout cœur, dans un esprit positif, en pensant : « Un jour, je suivrai son exemple et j'accomplirai de belles choses », au lieu de vous dire : « J'aurais préféré qu'il ou elle ne s'en sorte pas aussi bien, pour que je reste le meilleur. » Se réjouir ainsi est le meilleur remède contre la jalousie et c'est également bénéfique pour notre confiance en nous-mêmes. Pourquoi ne pas essayer ?

Quand les relations deviennent nocives

Si vous avez du mal à supporter certaines personnes autour de vous, il est préférable de vous en éloigner. Cependant, il faut vous interroger, vous demander si vous êtes un bon ami, si vous agissez avec bienveillance, ou si c'est une relation qui a tendance à faire ressortir les pires côtés de la personnalité de l'un de vous ou des deux. Il faut du courage pour regarder la réalité en face, mais d'une manière ou d'une autre, c'est souvent bénéfique pour tout le monde.

N'allez pas croire que je vous incite ici à juger les autres, cependant. Je veux simplement vous rappeler de toujours vous pencher sur vous-même, de sonder vos pensées. L'entraînement spirituel est destiné à s'améliorer soi-même !

PENSEZ À TOUS LES MOMENTS DE COMMUNION DE VOTRE VIE. EN VOICI QUELQUES-UNS. QUELS SONT LES VÔTRES ?

- Se réunir avec des amis autour d'un repas.
- Unir sa voix à celle des autres pour former un chœur.
- Travailler en coordination avec les autres ; le travail d'équipe est source de bonheur.
- Aimer profondément sa compagne ou son compagnon sans lui imposer le fardeau de l'attachement.

- Être touché par un poème, une chanson, une œuvre d'art.
- Renouer avec la nature – lorsqu'on marche au bord de la mer ou dans un parc par un beau jour d'été.
- Se pencher vers l'autre pour plonger son regard dans le sien et voir sa souffrance.
- Se pencher vers l'autre pour plonger son regard dans le sien et voir sa joie.

Accordez de la valeur à ces moments de communion, de relation au monde, et apprenez à être honnête avec vous-même. Pensez à ce qui se passe dans le monde et la situation dans laquelle vous vous trouvez en ce moment. Au fond de vous, vous traversez peut-être une période mouvementée, mais ne vous le cachez pas – étalez-le au grand jour et méditez sur ce qui se passe dans votre vie. Creusez au plus profond de vous-même.

La relation est un chemin entre vous, le monde et les gens qui vous entourent. La relation est le chemin du bonheur.

ÉTABLIR DES RELATIONS AUTHENTIQUES

- Rappelez-vous que tout dans la vie est lié – le bonheur est une réaction en chaîne.
- Ne vous isolez pas, mais développez les relations que vous avez au monde.
- Contemplez la nature profonde de ceux qui vous entourent et voyez leur beauté.
- Laissez l'amour vous ramener dans le moment présent et vous rappeler ce qui compte réellement.
- Aimez vos amis et laissez-les vous aimer.

UN ACTE DE BONHEUR GRATUIT

Écrivez des lettres d'amour : recevoir une lettre d'amour est un cadeau merveilleux, mais le plus heureux des deux est peut-être celui qui offre son cœur sous forme de mots.

Pour écrire une belle lettre d'amour, il faut bien réfléchir à ce que l'on veut dire, être à l'écoute de son cœur et du cœur de l'autre, et redécouvrir ainsi tout ce que l'on aime chez cette personne, du plus petit détail à tout son être.

Se laisser aller à éprouver une telle affection pour quelqu'un est une grande source d'inspiration et nous motive au quotidien et dans notre vie. Le moindre détail nous rend heureux – un sourire, l'amour ou le rire qui pétille dans ses yeux, un repas que l'on partage, le thé apporté au réveil. Nous repensons à une caresse, un regard, et toute trace de mesquinerie s'évanouit, ne laissant place qu'à l'amour.

13
Se laisser aller au chagrin

*On ne peut se protéger de la tristesse
sans se protéger du bonheur.*

Jonathan Safran Foer[14]

Le bonheur va de pair avec toutes les émotions que nous vivons. Si nous nous laissons aller à éprouver une profonde affection, quelle qu'elle soit, nous nous rapprochons de celui ou de celle que nous sommes appelés à être. Lorsque nous vivons un immense chagrin, nous en ressortons grandis. Il est essentiel de ne pas ignorer sa tristesse ou sa douleur. Il est inutile de les arborer fièrement, car c'est le type d'armure qui empêche le bonheur de pénétrer dans le cœur, mais nous devons reconnaître toutes nos émotions, car c'est en les regardant en face que nous pouvons nous en défaire.

Lorsqu'un malheur survient, ouvrez la fenêtre en grand

Ta joie, c'est ta peine mise à nu [...]. Plus la peine creuse ton être, plus tu peux y accueillir de joie.

Khalil Gibran, *Le Prophète*[15]

Quand tout s'effondre sous nos pieds et que nous sommes terrassés par la douleur, c'est à nous de décider si cela peut nous servir de déclic ou si nous préférons nous anesthésier en rêvant de dormir pour évacuer la douleur.

Si nous choisissons de rester face à nous-mêmes et aux émotions que nous éprouvons, sans chercher à nous mettre à l'abri, nous avons une chance de pouvoir réellement être présents au monde. N'hésitez pas à appeler à l'aide si vous en avez besoin ; vous n'en attendriez pas moins de ceux que vous aimez s'ils avaient besoin de votre soutien. N'ayez pas peur de ne pas pouvoir vous rattraper si vous tombez, il vous suffit de vous faire confiance et de vous accorder la bienveillance et la compassion que vous accordez aux autres sans hésiter.

La souffrance, la tristesse et le chagrin constituent des éléments essentiels de la nature humaine ; d'une certaine façon, ils sont même inhérents au bonheur. Nous pouvons tirer des enseignements des épreuves que nous traversons, découvrir parfois des forces que nous ne nous connaissions pas ou décider de nous améliorer. Elles nous rappellent que la vie est importante et que nous n'avons pas une minute à perdre ; elles nous permettent de mieux apprécier la vie. Alors, n'hésitez pas à éprouver de la tristesse ou de l'affliction – ayez le courage de vous laisser aller à votre chagrin, mais efforcez-vous d'accroître la part de joie et d'affection qui est en vous pour ne jamais vous enfermer dans la souffrance.

Encore une fois, c'est en prenant soin de notre esprit que nous pouvons y parvenir et vivre pleinement toutes les émotions de la vie. Ainsi, l'espace que nous nous ménageons intérieurement grâce à la méditation nous aide à nous réconcilier avec nos émotions, ce qui signifie parfois leur laisser libre cours.

Lâcher prise

Cet extrait est tiré du blog de Trevor Stockinger, *Burning the incense at both ends*, « Brûler l'encens par les deux bouts ». Il est tellement facile de s'enfermer dans les principes et les règles que nous en oublions d'écouter notre cœur et de suivre notre voie. Parfois, le plus courageux est de « lâcher prise » :

> Lâcher prise est une des platitudes spirituelles les plus répandues. Et pourtant, la formule n'est pas dénuée de sagesse. Nous projetons nos attentes et nos points de vue sur le monde. Et lorsque le monde n'est pas conforme à notre façon de voir les choses (ce qui arrive tout le temps), nous éprouvons un sentiment de perte. Mais souvent, nous oublions de faire le deuil de cette perte et de l'accepter.
>
> Il est facilement compréhensible que l'on éprouve du chagrin quand un parent proche ou un ami disparaissent.

Nous nous attendions à ce que nos proches et nos amis nous accompagnent toute notre vie. Nous avions des projets avec eux, nous pensions qu'ils seraient toujours à nos côtés ; ou nous avions des relations conflictuelles et nous espérions qu'elles s'arrangeraient à l'avenir. Quand ils sont morts, toutes ces attentes ont été anéanties par la réalité. Nous devons faire peu à peu notre deuil pour accepter leur disparition. Dans ces moments-là, au plus profond de nous, nous savons qu'il faut lâcher prise et se résigner au changement. Il n'y a pas d'autre moyen, car la mort est la seule certitude que nous ayons dans la vie.

Dans une moindre mesure, la perte est une constante dans la vie. Par exemple, j'ai reçu un texto de ma mère exprimant un point de vue différent du mien et j'en ai été stupéfait, car je m'attendais à une autre réaction de sa part. J'ai éprouvé de la colère. Puis je m'en suis voulu de ce mouvement de colère. Enfin je me suis calmé et j'ai accepté cette nouvelle réalité.

Toutes ces émotions ont afflué parce que je déplorais une perte – la perte de la réalité que j'avais créée. Et cela se produit en permanence. Nous aimons à penser que nous ne sommes pas comme des enfants qui pleurent parce que leur cornet de glace est tombé. Mais en réalité, nous subissons constamment ce type de pertes. C'est juste que nous avons mis en place des mécanismes d'adaptation pour éviter de pleurer. Cependant, il arrive que ces mêmes mécanismes d'adaptation nous empêchent de faire le deuil et de lâcher prise.

Voici un exemple pour illustrer mon propos. Depuis dix ans, je travaille avec des perfectionnistes exigeants. Je me suis efforcé de me plier à leurs demandes et d'être l'avocat parfait qu'ils imaginent. J'ai pris l'habitude de travailler le soir, de mettre de côté ma vie sociale et ma santé pour devenir un avocat parfait. J'ai fait mien leur idéal. Pour être franc, ce n'était pas difficile. J'étais moi-même un perfectionniste exigeant avant même de les rencontrer.

Il y a quelques années, après avoir passé plusieurs mois à travailler quatre-vingt-dix heures par semaine, j'ai fini par admettre que le prix à payer pour décrocher la meilleure note était bien trop élevé et que je pouvais tout à fait me contenter de la moyenne.

Mais depuis, je n'ai jamais pleinement vécu selon ce principe. Je suis encore attaché à l'image de l'avocat parfait que je rêve d'être. Je n'ai pas réellement renoncé à cet idéal pour mener une vie plus saine. Il en résulte des conflits. La colère monte lorsque le nouveau mode de vie que j'essaie d'adopter entre en conflit avec l'ancien idéal de perfection. Puis vient la culpabilité de m'être mis en colère. Lorsqu'on s'efforce de changer, cela entraîne un chaos d'émotions contradictoires.

Le changement signifie la perte – et il nous faut en faire le deuil quand bien même l'objet de la perte était néfaste pour nous. Alors seulement nous pouvons lâcher prise et passer à autre chose.

C'est pourquoi le chemin spirituel peut être si ardu. Nous perdons nos repères familiers. Nous perdons nos faux-semblants. Nous perdons l'illusion que l'on peut atteindre un bonheur durable en modifiant notre monde extérieur.

D'un autre côté, plus nous pleurerons quand notre cornet de glace tombe par terre, plus nous deviendrons forts. Nous verrons que le monde est ainsi fait. Parfois nous avons notre cornet de glace, parfois non. Dans les deux cas, nous pouvons être contents. À ce moment-là, nous aurons véritablement lâché prise.

Se préparer

Parfois, les gens me trouvent négatif ou pessimiste lorsqu'ils m'entendent parler du bonheur en disant que nous devons nous préparer au pire et revoir nos ambitions légèrement à la baisse, ce qui va à l'encontre du précepte répandu selon lequel on doit poursuivre ses rêves et ne voir que le bon côté de la vie. Mais ce qui me préoccupe, c'est que cette contrainte fait peser un lourd fardeau sur les épaules des gens et qu'au lieu d'être plus heureux, ils deviennent plus vulnérables aux troubles psychiques, tels que la dépression et l'anxiété. Cela signifie aussi que nous ne sommes pas préparés à la nature changeante de la vie : nous voulons connaître toutes les joies de l'existence, mais nous n'avons pas les outils nécessaires pour en accepter les peines. De la même façon, si nous nous préparons au fait que nous allons mourir – étant donné que c'est la seule certitude que nous ayons dans la vie –, nous saurons probablement mieux profiter pleinement de notre vie et découvrir notre bonheur.

Dans la philosophie bouddhiste, nous disons que le « samsara » (la souffrance) et le « nirvana » (la béatitude sereine) sont les deux côtés d'une même médaille et existent simultanément. De la même façon, s'il y a de l'obscurité, c'est qu'il y a aussi de la lumière. Par conséquent, lorsque je dis qu'il faut se préparer au pire, cela ne suppose aucunement d'adopter une perspective ou une attitude négatives ; cela signifie simplement qu'il faut être libre de toute attente – flexible et ouvert à tout ce qui peut se présenter dans la journée. Un esprit libre est préparé à tout, mais il peut aussi vous entraîner dans des lieux que vous n'auriez jamais imaginés.

Lorsque les blessures nous enferment dans le passé

Il était une fois l'épouse d'un homme riche, qui donna naissance à une magnifique petite fille à laquelle elle devint naturellement très attachée. Un jour, la petite fille mourut subitement, et sa mère fut accablée de chagrin. Personne ne pouvait la consoler – ni sa famille ni ses amis. Ils s'efforcèrent par tous les moyens de la réconforter, mais elle ne voulait pas lâcher le corps de sa petite fille.

L'histoire raconte que lorsque le Bouddha qui passait à proximité apprit ce qui arrivait, il voulut l'aider par tous les moyens ; la mère le supplia de ramener son enfant à la vie. Le Bouddha demanda à la mère d'aller chercher une graine spécifique dans une maison où personne n'était jamais mort. C'était une graine très courante, que l'on trouvait dans toutes les cuisines. La mère se mit en quête en se disant qu'elle ne tarderait pas à revenir avec la graine. Elle arriva devant une maison et demanda aux gens s'ils avaient une graine à lui donner pour le Bouddha, afin qu'il puisse ramener sa petite fille à la vie. Ils lui répondirent qu'évidemment, ils pouvaient lui donner une graine ; mais lorsqu'elle demanda si personne n'était mort dans cette maison, ils lui répondirent qu'ils étaient désolés, mais que leur mère était morte un an auparavant. La mère fit alors le tour de toutes les maisons ; dans toutes les maisons, il y avait des graines, mais dans chacune, il y avait eu un mort dans la famille. Quand elle revint les mains vides, le Bouddha pleura avec la mère et lui expliqua que c'était la nature même de la condition humaine – que chacun d'entre nous était appelé un jour ou l'autre à connaître la mort de l'un des siens et bien que cela soit très triste et très douloureux, il en allait de même pour nous tous. Finalement, la mère comprit puis déposa le corps de sa fille, et parvint alors à se défaire du fardeau qui pesait sur son esprit et son cœur.

Comment pouvons-nous empêcher les blessures du passé de se dresser sur notre chemin ? Il est compréhensible que vous vouliez vous protéger, même inconsciemment, en évitant de connaître à nouveau cette même blessure. Vous vous apercevrez peut-être que vous avez dressé un rempart autour de votre cœur et de votre esprit – que ce soit entre vous et les autres, ou entre vous et ce que le monde peut offrir en termes d'expériences et d'opportunités. Vous vous demandez pourquoi vous ne pouvez pas trouver l'amour, mais intérieurement, vous avez peur de vous laisser aller à aimer car, dans le passé, vous avez perdu des gens que vous aimiez. Essayez, si possible, de voir votre douleur et votre peur sous un autre angle. Si vous redoutez à ce point de perdre à nouveau l'amour, c'est que ce devait être très précieux. Et si cet amour était si précieux, cela montre à quel point vous en êtes capable. Ce serait vraiment dommage de refuser aux autres ce merveilleux cadeau que vous avez à offrir.

Parmi les gens que j'ai rencontrés, beaucoup ont traversé des épreuves douloureuses qui les ont soit amenés à s'orienter dans une nouvelle voie parfois passionnante, soit incités à profiter pleinement de la vie. Nous perdons tous un jour ou l'autre les êtres qui nous sont le plus chers, mais nous pouvons choisir de voir un aspect positif, aussi infime soit-il, dans chaque situation. Lorsque nos meilleurs amis meurent bien trop jeunes, ils restent dans nos cœurs, et s'il est parfois impossible de savoir pourquoi de telles tragédies surviennent, nous les sentons en nous dans les moments difficiles, nous encourageant et nous soutenant plus que tout autre.

Préserver les relations

Nos relations peuvent nous procurer beaucoup de bonheur et sont sources de force et d'encouragement. Mais dans les relations, il y a des hauts et des bas, comme dans la vie. Parfois, elles nous emplissent de joie, et soudain, l'incompréhension surgit et, du jour au lendemain, nous voilà abattus. Nous sommes attachés à donner la meilleure image de nous-mêmes à nos amis et à ceux qui nous sont chers, et lorsque nous sentons que cette image leur déplaît, il arrive que nous nous repliions dans notre coquille en nous tracassant à l'idée de la façon dont nous sommes perçus, ou que nous passions à l'offensive en lançant quelques piques bien senties.

Il est essentiel de retrouver notre équilibre, mais ce n'est ni en sombrant dans la haine de soi ou en essayant de se venger que nous y parviendrons. Quand bien même nous sommes blessés par leurs regards, leurs paroles ou leurs actes, nous ne réussirons jamais à retrouver notre équilibre ou notre bonheur en nous en prenant aux autres ou, à l'inverse, en broyant des idées noires, que ce soit sur nous-mêmes ou sur eux. Rappelez-vous que l'incompréhension naît de la perception que nous avons les uns des autres qui peut engendrer des malentendus. Ce n'est pas parce que quelqu'un nous prend pour ceci ou cela que cela constitue une vérité immuable sur notre personnalité. Dans la vie, tout change d'un instant à l'autre et s'il peut nous arriver de nous sentir tristes et blessés, cela ne durera pas, car nos perceptions sont appelées à changer.

Nous pouvons tirer les enseignements de ces expériences sans nous raccrocher à un sentiment de reproche ou de culpabilité, et apprendre à savoir comment retrouver notre équilibre psychique et affectif. Cela peut être grâce à des techniques mentales comme la méditation, mais l'on peut également chercher à améliorer son équilibre corporel par des thérapies basées sur le massage, la réflexologie ou la pratique du yoga. Pour moi, le mieux, c'est d'aller marcher en pleine nature ; au contact de la beauté de la nature, on y voit plus clair.

Si nous finissons par perdre l'amitié ou l'amour de quelqu'un, car la blessure est trop profonde entre nous, il ne faut pas lutter contre la tristesse – il vaut mieux la laisser s'épancher librement, au lieu de la retenir, pour que la vie puisse nous sourire à nouveau. Naturellement, il y aura toujours des moments où des nuages viendront assombrir notre bonheur ou notre sérénité, entraînant une agitation et un mal-être aussi bien physique que mental. Mais si nous laissons ces nuages poursuivre leur course, nous pourrons replonger dans notre vie. Sans doute avons-nous besoin de temps pour faire notre deuil et comprendre ce que nous ressentons ou la perte que nous avons subie, mais nous ne devons pas vivre avec des regrets ou d'éternelles questions hypothétiques.

Par ailleurs, lorsque nous perdons quelque chose ou quelqu'un, nous avons la chance dans notre malheur de pouvoir apprécier ce qu'il nous reste. Nous nous tournons vers ceux qui nous donnent de l'amour et du soutien, et nous les remercions de faire partie de notre vie. Nous songeons à nos parents, par exemple : même si nous nous sommes éloignés au fil du temps ou si nous avons tendance à nous disputer avec eux, nous pouvons prendre du recul et nous dire qu'ils ont sans doute fait tout ce qu'ils pouvaient pour nous, et que s'ils ne sont peut-être pas des parents parfaits selon nous, nous pouvons les remercier de nous avoir donné la vie.

Dans le bouddhisme, nous nous efforçons de considérer chaque être comme notre mère, car c'est elle qui nous a donné le jour. Et dans les moments de tristesse, il est logique que l'on pense à sa mère et que l'on se tourne vers elle, que ce soit en pensée ou en allant la voir pour lui parler. Dans ces moments-là, le moindre geste de bienveillance est un rayon de soleil ; il arrive qu'il creuse plus profond encore notre chagrin, mais il met aussi en lumière notre bonheur.

MÉMENTO

SE LAISSER ALLER AU CHAGRIN

- Il est essentiel de ne pas ignorer votre tristesse ou votre douleur – elles sont aussi réelles que votre joie et votre bonheur.
- Vous n'êtes pas obligé de « ne jamais craquer » en apparence – ayez le courage de laisser vos émotions s'exprimer.
- Comptez sur vous-même et ceux qui vous aiment pour vous rattraper si vous tombez.
- Sachez qu'en acceptant la mort, vous pourrez vivre pleinement.

UN ACTE DE BONHEUR GRATUIT

Demandez à celui ou celle que vous aimez ce qui les rendrait heureux aujourd'hui ; lorsqu'on donne à une personne que l'on aime quelque chose dont elle a besoin, sans condition, sans même attendre de remerciement, on a le cœur empli de bonheur : si elle est fatiguée, laissez-la dormir ; si elle est contrariée, offrez-lui l'espace que vous avez dans l'esprit.

14
Être attentif à aujourd'hui

Les trois mondes sont instables et pareils au nuage d'automne. La naissance et la mort d'une créature sont semblables à la vue de la danse. La vie d'une créature est pareille à l'éclair des cieux ; comme le torrent qui coule de la montagne, elle passe avec une grande vitesse.

Lalitâvistara[16]

Lorsque nous commençons à méditer sur l'impermanence de la vie, nous sommes réellement ouverts, prêts à voir comme nous n'avons jamais vu. Nous apprécions les petites choses de la vie et cette approche nous rend moins égoïstes, moins arrogants, car elle nous force à nous incliner devant le simple fait qu'à chaque instant, *tout* peut arriver.

Quand nous sommes *présents* dans notre vie, nous découvrons une nouvelle forme de liberté. Nous cessons peu à peu de nous inquiéter de ce qui pourrait arriver à mesure que nous nous plongeons dans le présent en étant pleinement attentifs à ce qui est là, maintenant. C'est pourquoi il est si important d'aiguiser notre attention, notre conscience, pour profiter d'*aujourd'hui* sans penser à ce que demain peut nous réserver ou à ce que nous aimerions changer si nous pouvions revenir en arrière.

Nous sommes tous des superhéros

Jonathan a réussi à transformer une des grandes épreuves de son existence en une expérience qui n'a été que « bénéfique » dans sa vie :

> J'ai toujours eu l'esprit d'aventure et dès mon plus jeune âge, j'ai rêvé de parcourir le monde et de vivre dans des lieux exotiques – j'avais le désir profond de vivre de nouvelles expériences. C'est précisément ce désir qui m'a entraîné à dix-huit ans en Afrique, où après avoir visité onze pays et rencontré des gens extraordinaires, j'ai compris la chance que j'avais… le privilège que cela représentait de pouvoir choisir. Je ne mesurais pas réellement à l'époque ce que cela signifiait, je voyais seulement qu'apparemment tout le monde n'avait pas le choix.
>
> Douze ans après, j'ai été diagnostiqué séropositif et je me suis soudain rendu compte que tous mes choix – ce que je croyais être mon passeport pour le bonheur – m'avaient été retirés. C'est en comprenant et en acceptant que j'étais mortel que j'ai pu réellement commencer à vivre, apprécier chaque instant, prendre plaisir à chaque rencontre, bonne ou mauvaise, et savourer les petites choses de la

vie. Ce qui était au départ une sentence de mort est devenu une véritable révélation qui, grâce à l'acceptation, n'a été que bénéfique dans ma vie. Il y a tant de situations dans la vie où l'on peut avoir l'impression que c'est la fin du monde, comme le jour où j'ai appris que j'avais contracté le virus du sida, avant de s'apercevoir que, finalement, la terre continue de tourner.

Quand j'étais jeune, j'adorais l'idée d'être un superhéros, d'aider les autres et d'avoir de superpouvoirs. Je m'aperçois aujourd'hui que nous sommes tous des superhéros. Nous sommes capables de faire des choix, de changer notre vision des choses, la manière dont nous les ressentons, et même ce que ressentent les autres. Nous ne pouvons pas toujours changer les circonstances ou le monde qui nous entoure, mais nous pouvons changer notre façon d'y vivre et créer notre bonheur.

Revenir dans le présent

Une seule et douce averse suffit à rendre l'herbe beaucoup plus verte. De même, nos espoirs grandissent sous l'influence de pensées meilleures. Ce serait pour nous une bénédiction, que de vivre toujours dans le présent et de tirer parti de chaque incident qui nous arrive, comme l'herbe qui avoue l'influence de la plus légère rosée qu'elle reçoit ; et de ne pas passer notre temps à expier notre négligence des occasions manquées, ce que nous appelons faire notre devoir. Nous nous attardons dans l'hiver alors que c'est déjà le printemps.

Henry David Thoreau, *Walden*[17]

Pourquoi tant de gens sont-ils mentalement emprisonnés dans le passé ? Pourquoi restons-nous cramponnés à nos rancœurs et nos blessures anciennes, alors qu'elles nous freinent et occupent une telle place dans notre cœur et notre esprit ?

Un récit bouddhiste raconte l'histoire d'un moine qui voyage avec un compagnon. Ils arrivent devant une route qu'une coulée de boue a rendu presque impraticable et voient une jeune femme bloquée sur le bas-côté. Le moine lui propose de la porter de l'autre côté de la route pour qu'elle puisse poursuivre son chemin, ce qu'elle accepte avec gratitude. Mais par la suite, le compagnon a l'air très embêté et le moine lui demande ce qui le tracasse. S'il est contrarié c'est que son ami étant moine, il n'aurait pas dû porter une femme ainsi de l'autre côté de la route – ce n'était pas convenable. Le moine sourit à son compagnon et lui dit : « Mon ami, il y a longtemps que j'ai déposé cette femme ; pourquoi la portes-tu encore ? »

Nous avons tendance à garder à l'esprit tant de choses qui appartiennent au passé et auxquelles il est inutile de se raccrocher. Les pensées que nous formons sur le passé ou l'avenir n'ont pas plus de consistance qu'un rêve, et pourtant nous les croyons vraies, comme lorsque nous sommes plongés dans nos rêves en dormant.

Quand nous étions petits, si le présent ne nous plaisait pas, nous pouvions nous projeter en pensée dans un avenir radieux. Une fois adultes, nous pouvons, grâce à la méditation et la pleine conscience, nous exercer mentalement à ne plus faire ces allers-retours incessants entre le passé et l'avenir, mais apprendre à rester immobiles, respirer, et sentir s'épanouir peu à peu un profond bonheur intérieur.

Beaucoup de gens ont le sentiment d'avoir eu une enfance malheureuse et c'est peut-être votre cas – mais tout cela est fini désormais. À présent que vous êtes adulte, éduqué et que vous suivez votre voie, vous devez vous demander où est le vrai bonheur. Le vrai bonheur apparaît lorsque vous vous apaisez. Certes, il a été masqué par des épreuves, des négligences, mais ces choses-là ne sont que superficielles – elles ont créé de gros remous en surface, comme des pierres jetées dans un lac. Mais à présent, vous pouvez laisser l'eau se calmer et découvrir au fond ce qui malgré tout est demeuré serein, vrai – votre nature profonde et votre bonheur intérieur.

Écrire sa propre histoire

Si vous ne parvenez pas à vous défaire de vos rancœurs, elles risquent de se transformer en griefs tenaces qui vous nouent l'estomac ou vous serrent le cœur en permanence. Ce serait comme un cancer incurable. C'est à vous de savoir si vous voulez continuer ainsi toute votre vie ou changer radicalement.

C'est l'occasion ou jamais d'oublier, là, maintenant. Tourner la page et écrire votre propre histoire. Tous les matins, au réveil, vous pouvez prendre un nouveau départ. Vous êtes libre d'être heureux, si vous le voulez. Le moment est venu. N'attendez pas.

Il est essentiel que vous compreniez que votre bonheur est toujours là, en vous. C'est votre essence, et quoi qu'il arrive dans votre vie, vous pouvez puiser de la force en vous et vous faire confiance. Je suis sûr que vous le sentez en vous quand vous écoutez réellement votre cœur. Et c'est pourquoi nous avons des outils – telle la méditation – pour nous aider à mieux écouter cette voix intérieure.

Tant de voiles se sont accumulés au cours de votre vie que vous ne réussissez peut-être qu'à entrevoir par instants un bonheur profond. Certains d'entre eux ne disparaîtront pas aussitôt, mais si vous êtes prêt à voir ce qu'ils dissimulent, c'est un bon début. C'est pour cela que nous encourageons la réflexion et la méditation ; que nous prenons le temps d'attiser le feu de nos aspirations et de notre motivation. Certains parlent d'une petite flamme qui brille en eux, d'autres de paix intérieure, mais quelle que soit la forme que cela prend pour vous, la première étape vers le bonheur passe par l'attention et la pleine conscience.

Quand on est attentif à sa vie, il est facile d'en trouver le sens

Nombreux sont ceux qui croient que la méditation ne sert qu'à calmer ou apaiser l'esprit. Certes, c'est un de ses bienfaits, mais si c'est le seul que nous ressentons, la méditation peut difficilement avoir un effet bénéfique sur le reste de la journée – lorsque nous ne sommes pas en méditation, l'effet s'estompe rapidement et nous n'associons la paix et la tranquillité d'esprit qu'à la pratique de la méditation, et non à la pratique de la vie quotidienne.

Il est donc préférable d'envisager la méditation non seulement comme une pratique apaisante, mais comme une façon de prendre davantage conscience de soi. On peut ainsi lier la méditation au quotidien au lieu de la considérer comme distincte. Soyez conscient de vous-même quand vous prenez votre petit déjeuner, soyez attentif à votre corps et à vos sens quand vous buvez du thé ou parlez avec un ami. Évitez de porter des critiques et des jugements hâtifs sur vous-même si vous n'agissez pas toujours comme vous le souhaiteriez, mais contentez-vous d'observer vos pensées, vos paroles et vos actes. Non seulement cette prise de conscience vous permettra de mieux apprécier la vie et d'approfondir votre relation au monde et aux autres, mais elle vous aidera à découvrir le sens de votre existence. Car si l'on est attentif à sa vie, il est facile d'en trouver le sens. La vie est riche de sens, riche d'opportunités, et lorsqu'on en trouve le véritable sens, il est difficile d'être triste ou déprimé.

Une conduite attentive

En venant vivre à Katmandou, Carol a vite appris à être attentive sur les routes chaotiques :

> Il y a quelques années de cela, j'étais le type même de la conductrice australienne. Là-bas, les routes sont larges et spacieuses, mais les gens sont impatients, se doublent en permanence, s'énervent quand les autres roulent trop lentement. Ils ont tous

l'air de croire que tous les autres conduisent mal sauf eux ! Et quand nous avons pris notre retraite, mon mari et moi, nous avons acheté une caravane et j'ai tout de suite dû changer ma façon de conduire. J'ai dû ralentir car la caravane ne pouvait pas suivre ! Alors, je me suis laissée aller et, pour la première fois, je me suis détendue au volant. J'ai arrêté de vouloir foncer à tout prix et j'ai pris bien plus de plaisir à conduire. Je ne me souciais pas des conducteurs de derrière qui devaient devenir hystériques, mais je priais tout de même pour qu'ils ne soient pas trop fâchés !

Le fait d'avoir une caravane m'a donc obligée à ralentir, ce qui m'a permis de comprendre qu'on ne peut pas être attentif à son état d'esprit sans calmer un peu le jeu.

Et puis il y a deux ans, nous nous sommes installés dans une grande ville animée d'Asie, où après avoir eu l'impression dans un premier temps que les gens avaient une façon de conduire démentielle, nous nous sommes rendu compte que c'était une forme de chaos respectueux. Chaque conducteur estime qu'il a le droit d'aller du point A au point B et il y va. On ne peut pas laisser passer les autres en permanence, autrement on en a pour la journée, mais par ailleurs, à chaque fois que je suis au volant, j'apprends à être patiente. Je me souviens d'un jour où j'ai fini par emboutir une voiture qui était devant moi. J'étais sur une quatre-voies qui se réduisait à deux voies. À chaque fois que je voulais avancer, quelqu'un se faufilait devant. J'avais l'impression que j'allais rester coincée là jusqu'au lendemain et j'étais de plus en plus énervée.

Je commençais à me dire : « Mais c'était à moi de passer » et « Ça devient ridicule ». J'ai avancé doucement en bouillant d'impatience et je suis rentrée dans la voiture de devant. Le feu arrière était à peine fêlé, mais dans cette ville, cela oblige à attendre la police des heures et à essayer de négocier avec l'autre conducteur qui cherche à vous extorquer une fortune pour une minuscule réparation.

Je suis contente d'avoir réussi à me défendre pour ne pas me faire escroquer sur les frais de réparation, mais l'accident en soi a été une véritable leçon qui m'a appris à quel point il est essentiel d'être patient, que ce soit au volant ou dans les situations difficiles. Je me souviens qu'à mon arrivée ici, j'ai eu un chauffeur de taxi extraordinaire pendant six mois ; j'observais tout et j'étais attentive à mes premières réactions à chaque fois qu'on frôlait l'accident.

Je me suis exercée à calmer ces réactions ; je les ressentais encore intérieurement, mais je ne sursautais plus à chaque fois qu'une mobylette nous coupait la route.

L'attention met tous les liens en évidence

Peut-on s'encourager ou même s'exercer à être plus heureux dans l'instant, à repérer le bonheur quand il est devant nous ? Si l'on veut vivre davantage dans l'instant présent, il ne suffit pas d'agiter une baguette magique en espérant que cela tombe du ciel. Il faut s'entraîner, car c'est un processus mental et chacun sait que si l'esprit est livré à lui-même, il a facilement tendance à se déchaîner comme un cheval sauvage.

À cet égard, nous qui sommes moines et moniales avons la chance d'apprendre la méditation dès le plus jeune âge. Mais il ne s'agit pas simplement de prier au sommet d'une montagne loin du fardeau des responsabilités que l'on peut avoir dans la vraie vie. Je suis responsable de centaines de monastères et d'écoles dans l'Himalaya, du bien-être des moines, des moniales et des élèves, ainsi que de multiples autres projets. Mais les pratiques spirituelles que j'ai apprises au fil des années, et que j'ai aujourd'hui le privilège d'enseigner à d'autres, m'ont permis de comprendre qu'il est absurde d'entretenir des inquiétudes et des regrets ; que si nous nous préparons pour ce qui est à venir ou tirons des leçons importantes du passé, ce qui compte réellement, c'est aujourd'hui.

Vivre dans le moment présent ne suppose aucunement de se défaire de ses responsabilités ; en réalité, on se concentre mieux sur ce que l'on doit faire pour se charger au mieux de ses responsabilités, au lieu de perdre une énergie et un temps précieux à ressasser et disséquer ce qui n'est plus ou à s'angoisser en songeant aux incertitudes de l'avenir. Lorsqu'on s'appesantit trop sur le passé ou l'avenir, on sort du flot et du rythme naturels de la vie, risquant ainsi de passer à côté des opportunités du présent.

Mettons que je sois un piéton dans la rue et que je veuille une cigarette. J'ôte le film plastique qui entoure le paquet, puis je retire aussi le petit papier qui est à l'intérieur et je les jette par terre pour pouvoir fumer ma cigarette. Je ne prête même pas attention à ce que je fais. C'est juste une habitude, quelque chose que je fais sans même réfléchir – et en particulier sans réfléchir aux conséquences de mes actes ni à quoi que ce soit d'autre, au-delà de mon désir de fumer. Tant que j'ai la cigarette à la main, rien d'autre n'a vraiment d'importance. Et la tragédie est dans ces mots. *Rien n'a d'importance*. Si nous n'avons pas conscience de ce qui se passe autour de nous ou dans notre vie, comment accorder de l'importance à quoi que ce soit ? Comment s'en soucier ? Le simple fait de jeter quelques déchets sur la voie publique peut paraître dérisoire, mais c'est extrêmement nocif pour le monde de détruire la beauté, la santé et la propreté de notre environnement.

C'est pourquoi il est si important de constamment apprendre et s'éduquer, afin de prendre davantage conscience que tous nos actes ont des conséquences – que *tout* ce que nous faisons a de l'importance. Certains disent que moins on en sait, mieux on se porte. Mais pour moi, l'ignorance est assurément une forme de souffrance. Comment tisser des relations profondes et interagir avec le monde si l'on est ignorant et empli d'incompréhension ? Comment donner un sens à sa vie ? Comment être heureux ?

À corps vigoureux, esprit heureux

Prenez non seulement soin de votre esprit, mais aussi de votre corps afin que l'un et l'autre se soutiennent mutuellement. J'ai commencé à m'exercer l'esprit quand j'avais environ huit ans, et je sais que cela a été décisif dans ma vie. Cela m'aide à y voir un peu plus clair et à considérer ma nature et mes pensées avec bienveillance, ce qui me permet d'avoir une sensation d'espace qui me procure beaucoup de sérénité et de bonheur. Cependant, pour être franc, ce qui m'a réellement donné de la force dans la vie, c'est de mettre l'amour et la bienveillance en pratique. En soi, l'action que nous menons auprès des villageois depuis le lancement des Pad Yatra, il y a de cela dix ans, pour leur apprendre à distinguer ce qui est biodégradable, de ce qui est voué à polluer durablement nos rivières et nos montagnes si belles, n'est qu'une goutte d'eau dans la mer, mais elle signifie que je suis capable de mettre en pratique mon amour du monde, ce qui me donne une grande force. Souvent, c'est une bonne chose de méditer, immobile, pour mieux se connaître, mais l'on apprend également à se connaître et à cultiver son esprit et son bonheur en agissant, en se plongeant réellement dans la vie au lieu de se plonger dans ses pensées.

Comprendre la différence entre douleur et souffrance

Apil, qui a participé au pèlerinage indien, s'est aperçue qu'elle parvenait à percevoir différemment sa douleur en s'apaisant intérieurement et en évitant de recourir aux bonnes vieilles étiquettes dont elle s'était servie auparavant lorsqu'elle avait connu les mêmes problèmes de santé :

Le pèlerinage que j'ai effectué en Inde avec Sa Sainteté a été si bénéfique pour moi. Les événements, les enseignements, les réflexions, tout ce qui s'est passé pendant ce pèlerinage est gravé dans ma mémoire et le restera jusqu'à la fin de mes jours. J'en remercie tous les participants du fond du cœur.

Les enseignements de Sa Sainteté sur l'apparence et la vacuité ont laissé sur moi leur empreinte.

Cela fait des années que je connais des soucis de santé, et bien qu'ils ne mettent pas ma vie en péril et paraissent dérisoires à certains, j'en ai été très affectée. À chaque fois que ces problèmes se manifestaient, tout s'effondrait dans ma vie. Ils m'absorbaient tellement que rien n'avait plus d'importance. J'ai fonctionné sur ce mode pendant des années.

J'ai de nouveau été confrontée à ces soucis de santé pendant le pèlerinage et au début, j'ai de nouveau capitulé. Mais je me suis rappelé ce que Sa Sainteté nous avait enseigné sur l'« apparence ». Était-ce mon esprit qui faisait en sorte que la maladie soit plus douloureuse, plus gênante, plus pénible ? Et si je réussissais à mieux accepter la situation, à traiter mes problèmes de santé comme des apparences que je pouvais envisager sous un autre angle, au lieu de réagir exactement de la même façon, avec la même intensité à chaque fois ?

C'était incroyable, et pour la première fois je suis tombée malade en étant heureuse. La maladie s'est manifestée et elle a disparu, comme à chaque fois, mais cette fois, je l'ai supportée avec calme et acceptation. C'est alors que j'ai compris que je venais de ressentir l'effet incroyable de la dissociation des apparences et des expériences. Et pour être honnête, je suis impatiente de poursuivre ces « expériences » jusqu'à la fin de ma vie !

En essayant de se renforcer physiquement, on se fortifie aussi mentalement. Je cite toujours l'exemple du petit chien qui aboie tout le temps pour se donner de l'importance malgré sa taille, et du gros chien placide qui a beaucoup de force et n'a pas besoin de faire tout un cinéma.

De la même façon, l'esprit paisible et détendu est bien plus fort que celui qui tournoie sans cesse comme une abeille emprisonnée dans un bocal (*cf.* p. 132). Les émotions comme la colère, les agressions verbales et les actes de violence sont autant de démonstrations de force qui relèvent de l'esbroufe – comme les aboiements du petit chien. Le vrai pouvoir naît d'une assurance sans arrogance ni prétention. Lorsqu'on a une profonde stabilité intérieure, on peut se faire confiance et également cesser de rejeter la responsabilité sur les autres. On peut assumer la responsabilité et comprendre que l'esprit est semblable à un héros, et que c'est à chacun de savoir faire usage au mieux de sa force, de sa créativité et de ses aspirations.

Aiguiser sa concentration et son attention est aussi bénéfique pour l'esprit que pour le corps. Souvent, lorsqu'on est distrait, les intentions ne sont pas en accord avec les actions – l'esprit pense à quelque chose, mais le corps fait autre chose. Ou bien on est là tout en ayant « l'esprit ailleurs », comme lorsqu'on mange un délicieux repas tout en étant occupé à échanger avec ses amis sur Facebook ou à regarder un match de football à la télévision.

Il suffit de voir par exemple à quel point la fatigue peut vous inciter à réagir différemment à une critique de la part d'un collègue ou d'un patron, alors qu'à l'inverse vous avez facilement tendance à l'ignorer si vous êtes reposé et en forme mentalement et physiquement.

Cela fonctionne à double sens : l'esprit peut vous aider à contrôler les envies physiques. Quand vous avez très envie d'un gâteau, la seule chose qui peut s'interposer entre vous et le désir que ressent votre corps, c'est l'esprit. Et vous pouvez vous servir des outils psychiques de la méditation et de l'attention pour calmer la sensation d'être enflammé par la colère ; vous pouvez prendre du recul mentalement et vous demander : est-ce que je veux me mettre en colère ou est-ce que je ne préfère pas choisir la paix ? De même, vous pouvez faire naître des sensations physiques de chaleur et d'énergie en éprouvant de la gratitude et en songeant à ce qui vous inspire, à vos intentions et à vos motivations de la journée.

Cela a du sens

Louisa voit le lien entre l'esprit et le corps tous les jours dans son travail :

Je suis thérapeute de yoga et depuis que j'ai commencé à explorer cette philosophie, il y a de cela quelques années, j'ai trouvé de nombreux outils qui m'aident à mieux répondre aux besoins de mes clients et aux miens, également. Je me suis rendu compte que nous ne cessons jamais d'apprendre : il ne faut pas se reposer complaisamment sur ses lauriers, car c'est là que la paresse s'insinue.

Le lien entre le corps et l'esprit est omniprésent dans mon travail quotidien. Lorsque j'ai un quelconque souci de santé, je me demande toujours ce qui se passe dans ma tête en ce moment. Il en va de même pour mes clients : ils viennent parfois me voir parce qu'ils ont mal au genou et veulent simplement un exercice pour les soulager, mais le psychisme est toujours présent, parce qu'il fait partie intégrante soit de la douleur, soit du processus de guérison.

Pour moi, cela a été une véritable révélation de comprendre qu'en effectuant un travail sur nous-mêmes et en nous améliorant, nous rendons service aux autres. J'étais architecte, ce qui est un métier de rêve pour beaucoup, mais pas pour moi. J'ai donc renoncé à une grande carrière professionnelle et à un bon salaire et j'ai tout recommencé à zéro, tout d'abord en tant que professeur de yoga, puis thérapeute. Faites ce que vous aimez, vous n'avez pas une minute à perdre.

Tout cela a l'air bien beau, mais j'ai aussi un exemple qui montre bien que je ne suis qu'une débutante ! Lors d'une retraite, je dormais dans une grande pièce avec des femmes venues de différents pays. Nous nous levons à 5 heures pour assister à la puja (prières) du matin, puis après une journée d'enseignement, la puja du soir peut durer quatre ou cinq heures. C'est épuisant. Et pourtant, certaines de mes camarades restaient réveillées toute la nuit en parlant fort. Je vais être honnête – je sentais la colère monter en moi à chaque heure de sommeil perdue. Un soir, j'étais sur le point d'exploser, mais je suis allée faire un tour pour me calmer et ce n'est qu'en revenant – l'esprit un peu calmé – que j'ai compris ce qui se passait. Une des femmes souffrait d'une infection pulmonaire très grave et j'avais été réveillée par ses amies qui essayaient de l'aider à respirer en la massant. Je m'en voulais d'avoir jeté des regards noirs à cette pauvre femme qui souffrait réellement. Le lendemain, je l'ai cherchée pour pouvoir lui adresser un grand sourire.

De nos jours, nombreux sont ceux qui mesurent à quel point la santé et par conséquent le bonheur de l'esprit et du corps sont liés. Si nous nous sentons bien physiquement, nous nous sentons un peu mieux mentalement, et l'inverse est également vrai. Mais il est nécessaire d'approfondir encore la question, car il me semble qu'en revanche peu de gens voient le lien étroit qui existe entre la santé de notre corps et celle de notre environnement – la nature qui nous entoure. L'esprit a besoin du soutien du corps et le corps a besoin du soutien de la nature pour être vigoureux et en bonne santé.

Nous pouvons nous servir de l'esprit pour mieux comprendre que si nous ne prenons pas davantage soin de notre environnement, nous ne pouvons pas réellement être en bonne condition physique et nous ne sommes donc pas en mesure de soutenir notre esprit et de connaître un bonheur authentique : un corps sain naît d'un esprit sain, et un esprit sain est soutenu par un corps sain, or celui-ci ne peut être en bonne santé que s'il baigne dans un milieu sain – si la « Terre mère » est saine. Si les arbres sont sains, nous avons de l'oxygène ; si l'eau est pure, elle nous donne la vie. Tout est entre nos mains – ce que nous faisons et la façon dont nous menons notre vie.

Il est essentiel d'adopter un mode de vie plus écologique afin de créer une meilleure qualité de vie et donc une existence plus heureuse. À mes yeux, les gens qui cherchent autour d'eux des solutions pour préserver la santé et le bonheur de leurs enfants et des générations futures sont d'une grande sagesse et véritablement heureux.

Ce n'est pas une philosophie profonde, mais une façon très simple de voir les choses, qui toutefois est souvent négligée. Si nous ne sommes pas prêts à changer en quoi que ce soit notre mode de vie, car nous craignons pour notre confort personnel, toutes les méditations du monde ne nous rendront pas plus heureux. Nous avons la parole facile, mais quand il s'agit de mettre nos idées en pratique, c'est une autre affaire. Et pourtant, quand nous passons à l'action, nous nous rendons compte que toute la richesse vient de là – nous nous apercevons que nous possédons une fortune.

Faire une pause au milieu de la frénésie d'activité

Beaucoup de gens laissent passer leur chance de bonheur non parce qu'ils ne l'ont pas trouvé, mais parce qu'ils ne se sont pas arrêtés pour le savourer.

William Feather

Comme la plupart d'entre vous, je n'arrête pas de courir partout, passant d'un programme à l'autre, trouvant difficilement le temps de m'arrêter pour rester en tête à tête avec moi-même. J'essaie de me répéter tout le temps : « Pose-toi. Détends-toi. Laisse faire. »

De temps en temps, je m'arrache délibérément à cette frénésie d'activité et je prends un train (j'adore le train en Inde) ou je vais marcher. Il faut faire une pause de temps à autre – se détendre. Le bien-être ou le mal-être dépendent largement de notre état d'esprit, et en ce qui me concerne, une des meilleures façons de me sentir bien dans ce monde chaotique est d'être au contact de la nature. Nous pouvons être très actifs extérieurement, mais nous devons nous souvenir d'être pleinement là, dans notre cœur et notre esprit.

Être véritablement là, dans le présent – où que l'on soit –, apprécier la nature, s'émerveiller donne davantage de sens à notre vie et contribue à renforcer et à approfondir la relation que nous entretenons avec notre environnement et les êtres qui nous entourent. Cela empêche également l'ego d'exiger toujours plus de la nature, entraînant des catastrophes naturelles de plus en plus fréquentes.

Il est bon d'aller se promener ou de s'extraire d'une manière ou d'une autre de son environnement habituel pour retrouver des bases solides et sereines. Nous n'avons pas besoin de courir en permanence dans tous les sens, pas plus que de se faire constamment une montagne de la vie. En nous accordant une petite pause de temps à autre pour nous détendre, nous y voyons un peu plus clair et nous avons moins tendance à dramatiser. Nous retrouvons notre équilibre et nous nous apercevons qu'il est inutile de rechercher cette frénésie d'activité permanente, et nous pouvons savourer paisiblement l'instant présent.

La nature a le don de nous rendre sincères. Lorsque nous mettons simplement un pied devant l'autre, un grand espace s'ouvre en nous et nous nous relions au monde. Dès que notre pied touche le sol, le contact est directement établi. Nous commençons à apprécier ce qui nous entoure, à être attentifs, pleins de sollicitude et nous nous libérons des constructions mentales et des absurdités qui tournoient habituellement dans notre tête. La nature est notre refuge, notre demeure, et si nous en prenons davantage soin, nous prendrons davantage soin de nous. Il est peut-être temps de revenir pas à pas vers elle.

Apprécier les petites choses de la vie

Si intérieurement, vous éprouvez un certain malaise, rien ne vous force à rester dans cet état d'esprit. Si vous êtes rongé par la frénésie d'activité et le manque de temps, ou que vous êtes encore tourmenté par des émotions et des situations passées ou par des peurs liées à la hantise de ce qui peut arriver, dites-vous qu'il y a toujours une autre solution – que vous pouvez prendre un chemin plus aisé.

Certes, nos émotions sont nos professeurs, mais ce n'est pas pour autant que l'on est obligé de les porter en soi toute sa vie. Il est inutile de se raccrocher à ce qui nous a rendu malheureux par le passé – car qu'est-ce que cela a à voir avec aujourd'hui ? Il faut parfois du courage pour lâcher prise et se défaire de sa souffrance car, étrangement, il arrive que l'on soit habitué à elle : elle est si familière que l'on a quasiment l'impression d'être nu sans elle ; il est presque plus facile de conserver ses barrières mentales en croyant connaître ses limites que de s'ouvrir à tout ce que le monde a à offrir.

Quand on est attentif aux petites choses, en revanche, on remarque la clarté qui envahit le ciel à l'aube, le goût merveilleux de la première gorgée de thé le matin. Les petites choses nous donnent accès à un bonheur profond qui se passe de conditions ou de démonstrations spectaculaires. Cette pleine conscience est une raison de plus de participer à un Pad Yatra ou de prendre le temps de faire une retraite – lorsqu'on marche dans l'Himalaya, l'esprit devient extrêmement réceptif aux petites choses, surtout lorsqu'il s'agit d'un bol de nourriture chaude ou d'une natte pour dormir la nuit. Ces choses toutes simples deviennent le summum du luxe.

Le bonheur est un broc d'eau chaude

Lors des retraites, Suzette trouve dans la simplicité de l'équipement sanitaire un bon moyen d'apprendre à apprécier ce que l'on a chaque jour :

> Quand je me rends au monastère du mont Druk Amitabha, je suis frappée de voir les efforts qui sont faits afin d'offrir de l'eau chaude aux visiteurs pour « laver le corps ». Les moniales font chauffer de grandes casseroles d'eau et nous donnent un seau avec un broc. Comme l'a dit une visiteuse, en faisant attention, avec un seul seau, trois personnes peuvent prendre une « douche » chaude ! Et curieusement, je préfère ces douches au broc à n'importe quel bain, car on a pleinement conscience de la provenance de l'eau. Évidemment, j'apprécie le premier bain que je prends en rentrant chez moi, ce serait un mensonge de le nier ! Mais c'est un vrai bonheur que de se laver et de se réchauffer avec de l'eau d'un seau que l'on a monté par l'escalier.

Si vous le pouvez, prenez le temps de noter les petites choses de la vie. Réveillez-vous à l'aube un matin pour regarder le lever du soleil, appréciez vos proches quand vous êtes tous réunis autour d'un repas à la table familiale. Quand vous partez en vacances, au lieu de courir au même rythme, reposez-vous l'esprit et profitez-en pour voir le monde – et votre vie.

Souvent, il est plus facile de regarder la vie des autres que la sienne, de vouloir être à leur place. Mais nous finissons par passer à côté de tout et par nous perdre en spéculations et en regrets au lieu d'être présents, ici et maintenant, dans notre vie, qui est tout ce que nous avons. Il faut remarquer toutes les petites choses, les apprécier ; ce sont elles qui donnent toute sa saveur à la vie, et sans cette faculté d'apprécier, de s'émerveiller, la vie n'est que superficielle, aussi artificielle que le plastique – nous risquons de finir comme des robots dépourvus de sens, sans jamais assouvir notre faim. Si vous regardez de bien plus près, au lieu de regarder constamment ce qui se passe chez le voisin, vous vous rendez souvent compte que vous avez déjà toute l'inspiration qu'il vous faut dans la vie. Et de la même façon, votre vie peut vous inciter à entreprendre un changement, que ce soit en cultivant quelque chose qui est déjà là ou en tournant la page pour entamer un nouveau chapitre.

MÉMENTO

ÊTRE HEUREUX AUJOURD'HUI

- Être présent dans votre vie permet d'apprécier les petites choses.
- Découvrez votre bonheur aujourd'hui – ne vous raccrochez pas aux souffrances et aux rancœurs passées.
- Quand vous êtes attentif à votre vie, il est facile d'en trouver le sens.
- Pratiquez la pleine conscience au quotidien – savourez chaque bouchée, conduisez avec

vigilance, écoutez attentivement vos interlocuteurs, remarquez tout ce qui vous entoure quand vous marchez dehors.

- Prenez soin de votre corps et vous prendrez soin de votre esprit – l'exercice rend heureux.
- Cessez votre frénésie d'activité et concentrez-vous sur ce qui compte réellement.

UN ACTE DE BONHEUR GRATUIT

Mangez dans la joie ! Un proverbe letton dit : « Un visage souriant est la moitié d'un repas. » La nourriture est si précieuse – elle nous donne la vie jour après jour, elle nous donne aussi l'énergie, pourquoi ne nous donnerait-elle pas du bonheur aussi ? N'avons-nous pas tendance à considérer que la nourriture est un dû ? Le choix est si vaste, il y a tant de bonnes choses à manger. Combien de fois nous arrive-t-il de rechercher dans les aliments uniquement un plaisir immédiat des sens et non une nourriture profonde ? Manger dans la joie, c'est manger en conscience – prendre le temps de choisir des aliments qui sont bons pour le corps, de cuisiner pour les autres et de s'asseoir tous autour d'une grande table pleine de sourires et de bavardages.

Troisième partie

Mettre le bonheur en pratique

Laissez libre cours à l'expérience pour que votre cœur soit imprégné de la tendresse de la véritable compassion.

Le troisième Kyabje Drubwang Tsoknyi Rinpoche

Mon rôle dans cette vie est d'encourager les gens à nourrir et à cultiver le bonheur en s'épanouissant – à trouver le moyen de répandre le bonheur dans nos relations, notre travail, notre communauté et à prendre soin de la nature. J'ai la chance merveilleuse d'avoir étudié la philosophie bouddhiste et de pouvoir aider les autres à mettre en pratique certains aspects qui peuvent nous permettre de nous épanouir, de développer notre relation et nos interactions avec le monde et la vie. Les grandes idées et l'intellect ne suffisent pas – seules l'expérience et l'action permettent d'aller au cœur des choses.

C'est tentant de se dire que si l'on a l'esprit heureux, on aura une vie heureuse. Mais outre la nécessité de prendre soin de son esprit, ce qui est certes essentiel et constitue le fondement d'une vie heureuse, nous devons également apprendre l'art de *vivre heureux*.

Les gens commencent à comprendre que s'ils s'occupent davantage de leur esprit, cela les aidera à avancer dans la vie. Les outils de la méditation et de la pleine conscience deviennent donc de plus en plus appréciés et, pour m'en être servi depuis de longues années, j'ai la chance de connaître leur influence bénéfique sur le calme et la tranquillité de l'esprit.

Ce que j'espère à présent, c'est que les gens aillent au-delà en mettant quotidiennement le bonheur en pratique dans leur vie, pour ajouter l'art de vivre heureux à la conception d'une vie heureuse. L'esprit et le corps peuvent former un duo extraordinaire. Nous pouvons nous servir de la pleine conscience pour ramener notre attention sur le moment présent, ressentir ce que nous dit réellement notre corps et, de la même façon, nous pouvons nous servir de l'action pour débarrasser notre esprit de tout ce qui l'encombre. Par exemple, l'exercice physique est un merveilleux stimulant du bonheur pour l'esprit. La méditation doit être suivie par l'action : nous devons nous plonger dans le flot de la vie sans réfléchir autant. Si nous nous prenons trop au sérieux, cela risque de nous empêcher de nous jeter à l'eau.

Si nous ne faisons pas attention, nous risquons de passer notre temps à nous demander quoi faire ou comment nous y prendre dans telle ou telle situation, et finir par ne rien faire. Nous avons l'esprit agité par tant de petits détails et de débats que nous perdons notre temps et notre énergie à tourner en rond et à nous empêtrer. Aucun d'entre nous ne connaît exactement le résultat de ses actions, ni la meilleure manière de s'y prendre dans telle ou telle situation, et s'il est certes nécessaire de consacrer un peu de temps à la méditation et au débat, il faut également se pousser à agir, que ce soit dans sa vie personnelle ou en s'engageant à mieux préserver l'environnement, par exemple.

L'expérience est la meilleure des pratiques, la meilleure des leçons. Comment pourrions-nous réellement apprendre ou comprendre sans elle ? C'est pourquoi j'encourage toujours les gens à ne pas avoir peur de se lancer, car si l'on fait de son mieux, l'expérience est toujours enrichissante. Certes, la motivation et les intentions doivent être justes, mais par peur ou par indécision, nombreux sont ceux qui hésitent à se jeter à l'eau, malgré de bonnes intentions et un grand cœur.

Je n'aime pas que les personnes parlent trop, car elles risquent de finir par se dissuader d'agir. On peut passer sa vie enfermé dans l'intellect, mais ce n'est qu'au travers de l'expérience – de l'action – que l'on parvient à une véritable compréhension : on est en prise avec sa vie et on met en œuvre toutes ses grandes idées et ses belles intentions. Il arrive que l'on trébuche ou que l'on s'égare sur un chemin semé d'embûches, mais l'on se fortifie en parvenant à se relever après être tombé, et ces « mauvais » tournants réservent parfois des surprises que l'on n'aurait jamais cru possibles. La moindre initiative que l'on prend pour mettre ses idées en pratique est déjà un grand pas, je crois.

Le moyen le plus simple de mettre le bonheur en pratique est de partager sa bienveillance et sa compassion. Donnez du bonheur et vous vous surprendrez à sourire vous aussi. Vous pouvez vous demander ensuite ce que vous aimeriez donner au monde aujourd'hui. Que pouvez-vous faire aujourd'hui pour rendre le monde plus heureux ? Qu'il s'agisse d'un petit geste ou d'un acte considérable, peu importe, avec une multitude de gouttes de bonheur, on peut remplir un océan.

15
Partager son bonheur

Ce n'était qu'un sourire radieux qui ne coûtait rien,
mais comme la lumière de l'aube il dispersait la nuit
et faisait que la journée valait la peine d'être vécue.

attribué à F. Scott Fitzgerald

Le bonheur est bienveillant, le bonheur est aimant et plein de compassion. Il y a du bonheur dans la gratitude et dans le don. Le bonheur aime par-dessus tout être partagé. Et n'allez pas croire que le bonheur est frivole ou complaisant. Si vous pensez cela, vous le sous-estimez – car le bonheur a une force extraordinaire : il a la capacité de rassembler les gens, de guérir, de nous aider à accomplir de grandes choses dans notre vie. Quelqu'un qui est véritablement rempli du bonheur et de la joie de vivre a l'esprit aimant et enclin au partage.

En tant que guides spirituels, nous recommandons souvent d'agir « pour le bénéfice de tous les êtres sensibles », ce qui signifie simplement d'agir pour le bien des autres. Malheureusement, je dois avouer que j'ai parfois l'impression que nous ne mettons pas suffisamment nos paroles en pratique. Nous faisons notre possible avec les outils qui sont à notre disposition afin de partager les idées et les conseils pratiques pouvant aider les gens à répandre le bonheur, l'amour et la compassion dans le monde, à prendre soin de la nature et à veiller les uns sur les autres, mais je ne sais pas si nous avons accompli autant que les scientifiques et les médecins de l'Organisation mondiale de la santé et du CERN, par exemple.

Quand je me suis rendu au siège de l'OMS, j'ai été extrêmement touché par tout ce que les équipes mettent *concrètement* en œuvre pour tenter de résoudre les problèmes du monde. Et au CERN, plus de deux cents scientifiques parmi les plus réputés au monde travaillent jour et nuit pour trouver des solutions aux grands enjeux planétaires. Pourtant, quand j'ai visité leurs bureaux à Genève, je n'ai vu que des visages souriants parmi les gens qui travaillaient là. Je crois que c'est parce qu'ils sont animés par une raison d'être très claire, que ce soit dans leur vie ou dans le travail qu'ils effectuent au service des autres. Lorsque notre vie est bénéfique aux autres, le bonheur vient naturellement. C'est une loi naturelle de l'univers. Lorsque nous agissons non seulement pour notre bien, mais pour le bien d'autrui, nous rayonnons de tout notre être.

Le bonheur partagé est un bonheur redoublé

Et qui est heureux rendra heureux les autres aussi.

Le Journal d'Anne Frank[18]

Lorsque nous partageons notre bonheur, le nôtre s'accroît. Partager est une façon d'échanger, d'établir un lien. En partageant notre bonheur, nous apprenons à mieux connaître notre nature profonde et commençons ainsi à créer et à cultiver les conditions dans lesquelles notre bonheur pourra s'épanouir.

Vous seriez étonné ou même émerveillé de l'effet que votre bonheur peut avoir sur les autres. C'est plus facile à déceler au niveau de l'individu, lorsque vous voyez ou vous percevez une réaction instantanée, comme un sourire que l'on vous rend, par exemple, mais l'énergie et les émotions que vous partagez avec le monde ont également une réelle influence.

De la même façon qu'un problème partagé est un problème à moitié résolu, le bonheur partagé est un bonheur redoublé. C'est merveilleux de penser que le bonheur s'accroît à mesure que nous en donnons. En fait, nous le savons tous au fond de nous, mais on l'oublie facilement en parcourant le chemin semé d'embûches de la vie. Quand on traverse une ville, on remarque que beaucoup de gens ont le regard rivé sur leurs pieds ou sur l'écran de leur portable. Mais il arrive aussi que l'on assiste à un échange entre des gens, ou que l'on y participe soi-même – une plaisanterie dans la file d'attente du café, un sourire échangé en manquant de bousculer quelqu'un – et l'on voit à quel point il est facile de répandre le bonheur.

Le don de la générosité

Miguel-Angel Cárdenas, un journaliste péruvien, a eu la chance de tirer une grande leçon de la retraite qu'il a faite avec nous au Népal :

C'était pendant les treize koras (les circumambulations) autour du stupa de Swayambunath. J'ai compris à ce moment-là le sens du pèlerinage, la façon dont l'esprit devient progressivement plus présent et plus attentif au fur et à mesure de ce voyage, qui est un voyage intérieur.

Pendant que j'effectuais la onzième kora en boitant, j'ai senti que je n'avais plus la force d'aller plus loin. Dans la montée, je me suis écroulé avec mon sac à dos et ma bouteille d'eau. J'étais presque inanimé. Je me suis alors retourné, et je l'ai vu, le Gyalwang Drukpa ! Et il m'a souri de son sourire si radieux que ça m'a réconforté.

J'ai ressenti une énergie incroyable. Je me suis levé comme si je n'avais mal nulle part. Des centaines de gens avaient entrepris de faire la kora et il n'en restait plus qu'une poignée. Et j'ai eu l'impression d'être au paradis, c'était un tel privilège de marcher ainsi vers l'éveil. Mais mon ego ne m'avait pas quitté.

J'ai effectué les deux dernières koras dans un état mystique. Lors de la dernière, nous devions grimper les marches qui menaient au sommet du stupa principal. Je voulais absolument être un des rares à avoir atteint le sommet, être exceptionnel en un sens.

Et là, sur la première marche, j'ai vu une moniale coréenne qui se tenait la poitrine. Elle était bien plus âgée que moi et, jusque-là, j'avais admiré son endurance. Mais mon égoïsme a pris le dessus et je me suis dit : « Quelqu'un d'autre va l'aider. Il faut que j'atteigne le sommet avec Sa Sainteté pour me sentir libéré. » J'ai gravi trois marches et puis j'ai eu honte de moi et de mes pensées, et je suis redescendu pour lui offrir mon bras.

J'étais encore obnubilé par l'idée d'atteindre le sommet magique. Je ne pouvais pas croire ce qui m'arrivait ; quelques minutes auparavant, je me sentais privilégié, et voilà que tout cela était passé par-dessus bord. Et la moniale marchait si lentement, elle mettait cinq minutes pour faire un pas. J'éprouvais un immense désespoir. Je l'aidais, mais je ressentais de la colère et mon cœur était rempli de nuages noirs.

Et puis soudain, j'ai pris conscience. Cela a été la plus grande leçon de ma vie. J'ai pris conscience de ce qui se passait en moi, les émotions destructrices, l'ego, les nuages noirs. Je serai éternellement reconnaissant de ces quelques secondes d'éternité.

En tenant le bras de cette moniale au sourire si doux, j'ai vécu un des moments les plus heureux de ma vie. Nous avons atteint le sommet sans même nous en apercevoir. Quand nous sommes arrivés à la dernière marche, dans une paix complice, nous avons vu qu'il était là ! C'était un tel sentiment que j'avais envie de rire au soleil de toute mon âme – il était encore là ;

le Gyalwang Drukpa faisait encore le tour du stupa. Nous attendait-il ?

C'était une si belle expérience. Aujourd'hui, je m'en suis souvenu à l'instant précis où j'en avais le plus besoin.

La générosité est inconditionnelle

Le bonheur s'il n'est pas vraiment partagé ne peut guère être qualifié de bonheur ; il n'a aucun goût.

Charlotte Brontë[19]

Dispensez votre générosité sans compter, autrement, vous aurez tendance à soumettre ce que vous donnez à des conditions. Par exemple, vous pouvez aider un collègue sur un projet, mais estimer qu'il vous doit quelque chose en contrepartie. Ou offrir des fleurs à votre femme pour qu'elle soit gentille avec vous en échange. Évidemment, votre femme sera sans doute très heureuse de recevoir des fleurs – et cela suffit en soi, non ? Car si elle est heureuse, alors je suis sûr que vous le serez aussi. C'est une équation toute simple – l'autre est heureux, donc je le suis –, mais à mon avis, elle fonctionne parfaitement !

Plus nous pratiquons la générosité inconditionnelle, moins nous sommes attachés à recevoir quelque chose en échange, découvrant ainsi une merveilleuse source de bonheur. N'y pensez pas trop – libérez-vous seulement l'esprit pour suivre ce que vous dicte votre cœur. Donnez sans attendre quoi que ce soit en retour. Donnez pour le simple plaisir de donner.

Ta souffrance est ma souffrance
et ton bonheur est mon bonheur.

Bouddha

Une générosité parfaite

À l'occasion d'une retraite, Katie a été particulièrement sensible à l'un des enseignements :

> Sa Sainteté a parlé de don « mesquin » dans un de ses enseignements. L'adjectif était parfait et j'ai aussitôt dressé l'oreille pour écouter plus attentivement, car ses paroles avaient une résonance particulière pour moi. Ce que nous cherchons, c'est la « générosité parfaite », sans exiger ni même attendre quoi que ce soit en retour. C'est donner sans conditions, pas même d'un point de vue émotionnel. Je suis la première à reconnaître que la plupart du temps, je donne d'une façon « mesquine ». J'hésite interminablement en me demandant ce qui est équitable, mais je suis si attachée à ma conception de l'équité que je n'ai jamais véritablement l'esprit libre quand je donne. Et je me suis rendu compte que le don mesquin n'apportera jamais le bonheur, alors si je veux éprouver du bonheur à être généreuse, ce que je souhaite réellement, il va falloir que je m'entraîne.

Le premier exercice peut paraître étrange au premier abord, puis on comprend peu à peu de quoi il s'agit. On donne simplement quelque chose d'une main à l'autre. Pour moi, cela crée l'habitude mentale de donner, juste comme ça, sans y attacher d'émotions ou de conditions. Puis, on s'exerce à donner de petites choses que chacun a les moyens de donner ; par exemple, nous avons à présent une cagnotte dans le couloir pour donner de la monnaie destinée à de bonnes œuvres.

J'ai encore des progrès à faire pour les choses plus importantes, mais je suis plus consciente de mon esprit calculateur et plus à l'écoute de ma sagesse profonde. Car paradoxalement, la réponse que j'ai fini par trouver après avoir perdu tant de temps et d'énergie à tourner en rond en me créant un attachement à quelque chose que j'ai été ravie de donner dès l'instant où j'ai écouté mon cœur, c'est qu'il fallait suivre mon sens instinctif de l'équité. Je reconnais donc la possibilité d'une « générosité parfaite » et, dans ce cas, il va falloir beaucoup s'exercer pour atteindre ne serait-ce qu'un semblant de perfection.

Donner, c'est lâcher prise

Lorsqu'on rêve de s'acheter quelque chose et que l'on y parvient enfin, on se sent parfois euphorique sur le moment. On croit que c'est cette « chose » qui nous apporte cet instant de grand bonheur, mais cette sensation s'estompe presque aussitôt. Peut-être n'est-ce pas l'objet en soi qui est la source de notre bonheur, mais le soulagement de ne plus éprouver l'envie irrésistible de le posséder. Étrangement, à ce moment-là, nous nous détachons de l'objet, bien qu'à présent nous le possédions.

Pratiquer la générosité, c'est pratiquer la liberté. Le fait de donner sans conditions, sans attendre une quelconque contrepartie procure une joie toute simple. On peut également éprouver un sentiment de délivrance, car on se détache de l'égoïsme, on se préoccupe moins de ses désirs et on est plus attentif aux autres. Selon l'enseignement de Bouddha, si l'on s'aperçoit que l'on est trop attaché à quelque chose, il est bénéfique de s'exercer à le donner. Les exemples les plus évidents sont l'argent et les biens, mais nous pouvons également envisager sous cet angle toutes nos croyances limitantes sur nous-mêmes et nos opinions. Si nous craignons d'être mesquins, nous devons accepter pleinement la générosité de notre nature profonde. Si nous comprenons par un travail en douceur de méditation et d'introspection que nous avons une anxiété liée à un manque de confiance, un des meilleurs moyens de la susciter et de l'accroître est de la donner.

Donner du respect

Accordez toute votre attention aux gens qui vous entourent aujourd'hui. Écoutez et soyez prêt à voir d'autres points de vue au lieu de vous raccrocher au vôtre. Souhaitez le meilleur à tous ceux qui vous entourent, témoignez votre affection à vos proches de toutes les façons possibles. Exercez-vous à la patience tout au long de la journée. Ces actes de générosité vous donneront l'esprit libre et léger.

Donner de la sagesse et de l'inspiration

Que l'on soit enseignant, parent, ami ou collègue, il y a des jours où l'on peut simplement écouter et d'autres où l'on peut offrir des conseils avisés. Dans ces cas-là, il est essentiel de ne pas se laisser dominer par son ego, mais de s'exercer à se mettre à la place de l'autre et de l'aider à percevoir ce que lui dicte son cœur. Vous pouvez par exemple offrir un point de vue différent sur un dilemme, une nouvelle approche d'un problème ou une distraction salutaire.

Être généreux dans ses paroles

Une des choses qui me rend heureux, c'est de voir des amis ou des élèves qui s'entendent bien, car ils savent communiquer et s'apportent mutuellement une contribution véritablement désintéressée. Les retraites et les projets que nous mettons en place réunissent des gens issus de tous les pays et de toutes les cultures. Cela demande beaucoup d'organisation, mais grâce à une compréhension mutuelle et à une grande communication, toutes les pièces du puzzle finissent par s'assembler pour que chacun vive une expérience merveilleuse.

La communication est essentielle, je ne cesse de le répéter. À moins d'avoir du mal à communiquer avec les autres, de manquer de confiance en vous-même ou d'avoir des arrière-pensées, vous devriez être prêt à partager des informations relatives à un événement public bénéfique à tous. Si ce n'est pas le cas, analysez vos motivations : pourquoi cela ? Peut-être avez-vous de bonnes raisons – qui sait ? Mais dans la plupart des cas, il s'agit d'une peur liée à l'ego.

La communication est une pratique qui favorise des relations harmonieuses entre les gens. Lorsqu'on parvient à communiquer de façon réfléchie et dépassionnée, tout s'arrange : il faut mettre sur la table les questions qui fâchent et les résoudre le plus objectivement possible. En nous libérant de l'attachement à notre ego et de toutes nos opinions, nous pouvons faire preuve de générosité lorsque nous communiquons avec les autres. Nous nous abstenons de ragot ou de malveillance, et même lorsque nous exprimons notre désaccord, nous le faisons avec respect, en gardant à l'esprit qu'il existe au monde beaucoup d'autres points de vue que le nôtre.

Prenez le temps de parler à des amis, écrivez une lettre d'amour ; évitez les piques et faites en sorte que vos paroles soient des gages de votre amour, de votre bonté et de votre bonheur.

Être généreux dans ses actes

Je te souhaite que personne ne vienne à toi
sans te quitter meilleur et plus heureux.

Mère Teresa[20]

En s'exerçant à apprécier ce que l'on a et le monde autour de soi, en aiguisant son attention au quotidien, en faisant naître sa motivation, on se donne la chance d'être plus généreux dans ses pensées, ses paroles et ses actes. Cela peut être simplement de remarquer une personne âgée ou une femme enceinte dans le train et de lui offrir sa place. Ou d'être plus attentif à ses amis et ses proches pour voir s'ils ont besoin d'une épaule sur laquelle s'appuyer. Et à mesure que l'on est plus sensible à son environnement, qu'on l'apprécie davantage, on peut être encouragé à donner un peu de son temps ou de ses talents pour aider une association caritative ou une cause qui nous inspire un grand respect.

Qu'aimeriez-vous donner ?

Êtes-vous excessivement attaché à une des choses suivantes ?

1. Les opinions
2. Les biens matériels
3. L'argent

Songez à ce qui vous apporte réellement de la joie dans la vie et à ce qui vous cause intérieurement de la douleur ou de la souffrance. Ces choses vous rendent-elles anxieux, sont-elles à l'origine d'émotions négatives inutiles que vous portez en vous ?

Comment se libérer des entraves ?

Vous aimeriez que vos opinions soient moins égocentriques ? Améliorez votre empathie en écoutant attentivement l'autre. Observez ce qui se passe en vous, vous n'avez pas besoin de penser à ce que vous allez dire, contentez-vous d'être totalement à l'écoute de ses paroles.

Imaginez la liberté que ce serait de posséder moins de choses, d'être moins encombré ? Consacrez un week-end à vous défaire de certaines choses et à les donner à une association caritative.

Si vous êtes attaché à l'argent, exercez-vous à donner de petites sommes régulièrement. Voyez cela comme un simple don sans contrepartie.

Un esprit généreux est un esprit heureux. Si vous avez envie d'améliorer cet aspect chez vous, commencez modestement, mais commencez dès aujourd'hui. Ne donnez que ce que vous avez les moyens de donner, mais souvenez-vous qu'on peut donner bien autre chose que de l'argent ; on peut donner de l'amour, de la bienveillance, du rire, de l'inspiration. On peut donner du bonheur. Il y a peu de choses gratuites en ce monde, mais si vous prenez soin de votre esprit, vous pouvez partager tous ces trésors. Quelle chance !

MÉMENTO

PARTAGER SON BONHEUR

- N'oubliez jamais que le bonheur aime par-dessus tout être partagé.
- Lorsque vous accordez vos actes à votre pensée, vous devenez automatiquement quelqu'un de très généreux, car vous apportez beaucoup au monde.
- Donnez inconditionnellement, sans rien attendre en contrepartie – dès que vous imposez des conditions à votre générosité, vous imposez des conditions à votre bonheur.
- Observez-vous et soyez attentif à tout ce à quoi vous avez tendance à vous attacher, que ce soient les biens matériels, les gens ou l'envie d'avoir toujours raison. Donnez ces choses du fond du cœur autant que vous le pouvez.
- Soyez généreux sans ostentation, et donnez ce que vous pouvez, aussi modeste cela soit, et votre bonheur rayonnera.

16

Comment rendre le monde plus heureux ?

Si nous ne réfléchissons pas au niveau mondial sur ce qui constitue une vie humaine satisfaisante, nous aurons de sérieux ennuis.

Nic Marks

Aujourd'hui, nous avons le monde à portée de main grâce à la technologie et aux voyages. Et pourtant, nous vivons dans un univers d'extrêmes. Quelques-uns vivent dans une extrême richesse, mais un grand nombre connaît une extrême pauvreté. Nous sommes entourés de « progrès », et pourtant on observe dans les pays riches une croissance de problèmes de santé tels que l'obésité et la dépression, tandis que les pays pauvres subissent la faim et les changements climatiques. Le fossé grandit, car nous sommes de plus en plus déconnectés. Il faut nous relier au monde qui nous entoure.

L'inlassable quête de bonheur individuel que mène l'espèce humaine semble avoir atteint ses limites et je crois qu'il est peut-être temps d'envisager une nouvelle quête : la quête du bonheur universel ou collectif. Nous devons nous rendre compte que le bonheur de quelques-uns fait le malheur du plus grand nombre. Comment peut-on éprouver un bonheur profond et authentique si l'on retranche du bonheur à quelqu'un d'autre ; si à mesure que les riches s'enrichissent, les pauvres s'appauvrissent et si la situation de la planète est de plus en plus désespérée, affectant les générations futures ?

Si nous ne décidons pas de tout mettre en œuvre pour aider le monde, il va sombrer, et dans ce cas comment pourrons-nous être heureux ?

Bouddha disait que, pour faire cesser notre souffrance, nous devons la comprendre du fond de notre cœur, et ce n'est qu'en parcourant les rues et en la regardant en face que nous pouvons la comprendre. Si nous parvenons alors à passer de la compréhension à l'action, cela contribue réellement à développer la vie. Le bonheur ne peut s'épanouir que si l'on harmonise les besoins individuels et universels : si nous ne nous occupons pas du bonheur de notre voisin, le nôtre en souffrira également. Tout est lié, et rien de ce qui a vraiment de la valeur dans la vie est égoïste. La quête du bonheur, par conséquent, doit être collective, et non purement axée sur l'individu. Et ce qu'il y a de bien, c'est qu'une fois que nous comprenons ce principe et que nous l'adoptons, notre bonheur individuel s'épanouit encore. Le bonheur collectif et le bonheur individuel vont de pair. Dès que vous souhaitez du bonheur à quelqu'un d'autre, le vôtre se dévoile.

Le bonheur durable

Nous savons que le véritable bonheur durable ne peut exister si les autres souffrent et qu'il procède uniquement du dévouement à l'autre, d'une vie en harmonie avec la nature et de la reconnaissance de notre sagesse profonde et de la nature véritablement extraordinaire de notre esprit.

Nouvelle constitution du Bhoutan
(Jigme Thinley, ex-Premier ministre du Bhoutan)

Le bonheur s'épanouit si l'on mène une vie qui s'inscrit dans une perspective durable, responsable et équitable – si l'on cherche constamment des moyens de donner au lieu de prendre. Plus nous donnons, plus nous avons – qu'il s'agisse de temps, d'amour, de pardon ou de bonheur. Lorsque nous découvrons ce qui nous met le cœur en joie, nous voulons le partager. Si nous nous lançons dans une entreprise qui est bénéfique pour le monde, aussi modeste soit-elle, les autres sont séduits par notre action.

Pouvons-nous adopter des modes de vie qui contribuent non seulement à notre bonheur, mais aussi à la préservation de notre environnement pour les générations futures ? Le bonheur peut-il être durable, responsable et équitable, au lieu de se réaliser aux dépens des autres et du monde ? Selon moi, si nous regardons notre vie en nous demandant comment nous pouvons faire preuve de davantage de bienveillance – envers la nature, les autres et nous-mêmes –, nous aurons non seulement une belle vie, mais une vie heureuse.

Pour moi, l'exemple de l'environnement illustre parfaitement ceci. Nous parlons de bienveillance à l'égard de notre environnement, mais nous ne nous efforçons pas réellement de renouer avec la nature. Je me demande parfois combien de fans aurait la « nature » si elle avait une « fan page » sur Facebook, et combien de ces fans iraient concrètement communier avec la vraie nature ?

Aimer la nature suppose d'aller dans la nature, de la comprendre, de l'apprécier et d'apprendre à mieux la connaître. Si nous ne mettons pas tout notre cœur pour entrer en communion avec elle, ce n'est que de la poudre aux yeux. J'ai rencontré tellement de gens qui se disent « écologistes » ou « respectueux de l'environnement », mais qui ne vont pas vers la nature pour s'efforcer de la comprendre. Comment voulez-vous vous faire des amis si vous n'entrez pas en contact avec eux et ne les rencontrez jamais ? C'est la seule solution.

Mon premier conseil est de rester le plus proche possible de la nature, car notre survie dépend d'elle. La nature nous aide à prendre soin de notre esprit, et il est donc essentiel que nous lui rendions la pareille en cherchant à l'aider par tous les moyens. Notre environnement nous donne l'air que nous respirons, la nourriture que nous mangeons, le refuge dans lequel nous vivons. En nous immergeant le plus possible dans la nature, nous établissons ce lien mentalement et au travers de nos sens – nous percevons mieux à quel point tout est interdépendant et que seule la bienveillance à l'égard de la nature et des autres peut nous permettre d'être heureux.

Si nous ne jouons pas chacun notre rôle en veillant sur les autres et sur la nature (qui veille si bien sur nous), comment pouvons-nous être véritablement heureux ? Chaque contribution individuelle s'ajoute à l'effort collectif ; sans l'un nous ne pouvons pas avoir l'autre. C'est pourquoi je suis intimement persuadé que chacun d'entre nous peut changer les choses. Par conséquent, nous devons parfois prendre du recul pour voir les choses dans leur globalité et, à d'autres moments, nous replonger en nous-mêmes pour cultiver notre sagesse et notre nature profonde. Tout est une question d'équilibre et de compréhension des relations entre les individus que nous sommes et le monde.

Ramasser les déchets en chemin

Je trouve particulièrement intéressant ce que dit le Dr Mark Williams quand il note que les gens ont beau avoir des cartes, ils ne font pas le voyage à pied (*cf.* p. 78) car, à mon sens, la meilleure façon de se clarifier l'esprit – de le purifier de toutes les absurdités qui s'accumulent au fil du temps –, c'est de participer au Pad Yatra que nous organisons chaque année. D'une part, le Pad Yatra est une initiative dont le but est bénéfique (généralement, il a une portée environnementale – par exemple, nous avons parcouru l'Himalaya pendant un mois en ramassant les déchets et en informant les villageois que le plastique n'est pas biodégradable) et, d'autre part, c'est un véritable défi physique. Lorsqu'on entreprend un Pad Yatra, on laisse derrière soi toute idée de luxe et de confort moderne ; certains bénévoles en arrivent à un point où ils ont l'impression de ne plus pouvoir continuer. Mais à ce stade, je les ai souvent vus se transformer : ils cessent de se préoccuper de savoir comment ils atteindront le sommet et se concentrent sur chaque pas. C'est alors qu'ils découvrent la beauté des montagnes et de la raison pour laquelle ils sont là. Carrie décrit ce moment de pur bonheur :

> Je n'oublierai jamais le Pad Yatra auquel j'ai participé dans le Ladakh. Sa Sainteté et ses moniales de l'Himalaya étaient en pleine forme et gravissaient les pentes escarpées en gambadant, alors que nous, les « étrangers », nous avions tous les jours du mal à suivre. Je n'arrêtais pas de me plaindre ; il faisait un froid glacial, je n'étais pas habituée à la nourriture et je supportais mal l'altitude. Tous les jours, je regardais le sommet du col suivant et j'avais envie de pleurer. À plusieurs reprises, j'ai bel et bien pleuré en me demandant ce qui m'avait prise de vouloir participer à cette traversée d'une des régions les plus inhospitalières au monde. Et puis un jour, je me suis dit que j'allais peut-être devoir renoncer et demander à ce qu'on me raccompagne. Je ne pensais plus qu'à mettre un pied devant l'autre, pas à pas. Peu à peu, j'ai pris le rythme et, à mesure que j'avançais, un pas après l'autre, mes plaintes, mes crampes et mes douleurs se sont estompées dans mon esprit. J'étais totalement dans le moment présent ; je n'avais plus l'énergie pour quoi que ce soit d'autre. Je sais que j'ai dû littéralement m'écrouler à genoux pour arriver à comprendre cela, mais cela a été la plus

> grande leçon de ma vie. Je me rappelle que ce jour-là, j'ai souri jusqu'aux oreilles toute la journée. J'ai arrêté de penser à la marche qu'il nous restait à faire et j'ai commencé à vraiment regarder autour de moi et à contempler la beauté extraordinaire du paysage, à comprendre réellement pourquoi il est essentiel que nous fassions notre possible pour mieux prendre soin de ce monde. J'étais gelée et épuisée, mais j'étais heureuse.

J'ai bien conscience que tout le monde ne peut pas se joindre à nos Pad Yatra, mais il existe d'autres pèlerinages similaires ailleurs dans le monde. Prenez par exemple la marche nocturne à laquelle participent les femmes à Londres les soirs d'été pour récolter des fonds destinés à la recherche sur le cancer du sein – voilà un Pad Yatra ! Il y a aussi des opérations de nettoyage des plages et des rivières où des familles entières passent la matinée ensemble tout en contribuant à préserver la propreté et la beauté de leur environnement. Essayez de vous trouver un Pad Yatra – vous ne pouvez pas offrir meilleur exercice à votre esprit.

Prenez le bonheur entre vos mains

Il y a une expression bouddhiste qui veut dire « prendre dans ses mains » et qui signifie agir ou mettre en pratique. Nos pensées et nos actes doivent donc coopérer comme les ailes de l'oiseau – si nous avons l'une mais pas l'autre, nous ne pourrons jamais voler. Ce ne sont pas uniquement nos aspirations qui encouragent nos actes, mais nos actes qui encouragent nos aspirations, ils s'aident mutuellement. Lorsqu'on se rend compte à quel point l'un et l'autre sont liés, c'est pour moi une source de grand bonheur.

Je sais que dans cette équation, certains auront l'impression d'en être restés au stade de la réflexion et d'avoir du mal à passer à l'action, mais à mesure que l'on aiguise son attention, on est de plus en plus à même de reconnaître au fond de soi ces moments où l'on réfléchit trop et où il est temps de respirer un bon coup et d'y aller. De se dire : « Je m'y mets », et de se lancer.

S'il vous arrive d'être paralysé par l'anxiété, car vous avez l'impression d'avoir tant de choses à faire que vous ne savez pas par quoi commencer, je vous encourage à développer votre attention au moment présent. Si vous vous sentez submergé, vous aurez du mal à prendre plaisir à ce que vous avez à faire aujourd'hui. Accordez-vous quelques minutes pour vous apaiser l'esprit de la façon qui vous convient le mieux. Peut-être vous direz-vous que vous avez besoin de vous concentrer sur votre souffle (*cf.* p. 73), à moins que vous ne préfériez aller marcher pour sentir la présence réconfortante de la nature.

Nous perdons tellement de temps, même quand nous croyons ne pas en avoir beaucoup. J'ai appris récemment que dans beaucoup de pays, à la mort de quelqu'un, seules figurent sur sa tombe sa date de naissance et celle de son décès. Et entre les deux ? Juste un tiret – toute sa vie se résume à un tiret : « – ». Cela m'a fait prendre davantage conscience encore de la brièveté de la vie et de l'importance d'être aussi éveillé que possible chaque jour sans se soucier du souvenir que nous laisserons – car, au bout du compte, nous ne sommes que des tirets.

Vous avez tant à offrir

Si vous avez l'impression d'être trop petit pour pouvoir changer quelque chose, essayez donc de dormir avec un moustique.

Sa Sainteté le Dalaï-Lama

Si vous croyez que vous n'avez pas le temps de prêter attention au monde ou que vous devez avancer dans la vie avant de pouvoir être réellement heureux, je vous encourage à regarder ce que vous avez déjà entre les mains – vous avez tout ce qu'il vous faut. Le bonheur c'est la totalité de la vie, et non seulement ce que nous croyons être les aspects positifs. Nous devons être attentifs à ce qui ne va pas et comprendre comment cela influe sur notre vie. Nous devons mesurer à quel point il est essentiel de soulager la souffrance au lieu de poursuivre notre vie en faisant mine de l'ignorer. Si vous ne connaissez pas la souffrance, vous ne pouvez pas connaître le bonheur.

Lorsque nous revenons à l'essence et accordons davantage de valeur et de respect à notre vie, nous savons la faire fructifier. Plus nous réussissons à nous libérer l'esprit de la contrainte des étiquettes, des croyances, des peurs, du manque de confiance, des attentes démesurées – tout ce qui suscite un attachement acharné et nous rend incapables de décider ce que nous voulons faire ou ce que nous voulons être –, plus nous mesurons réellement à quel point nous avons de la chance d'avoir cette vie et nous pouvons en profiter pleinement. Nous apprenons à mieux nous connaître, à discerner notre raison d'être, nous nous sentons plus à l'aise, mieux dans notre peau. Pour vous, c'est le moment ou jamais. Allez-y, saisissez cette chance.

Qu'allez-vous faire aujourd'hui pour rendre le monde plus heureux ?

Celui qui par de bonnes actions efface le mal accompli
est semblable à la lune s'échappant des nuages,
il illumine le monde.

Dhammapada[21]

Servons-nous du présent pour vivre heureux, vivre pleinement. Comme je le répète souvent, le bonheur ne peut être accompli que si on le partage, aussi devons-nous nous encourager les uns les autres à agir de façon positive, veiller à ce que notre corps, nos paroles et notre esprit soient dans le présent et vivre en pleine conscience.

Les débuts les plus modestes peuvent engendrer un grand bonheur. Nous mettons tant de choses en attente dans notre vie – « Je m'y mettrai demain », « Je suis presque prêt, mais pas tout à fait », « Ça fait un moment que je veux le faire » – et ce que nous repoussons ainsi prend de soi-même une telle ampleur qu'il est de plus en plus compliqué de s'y attaquer. Mais dans la vie, tout commence par un premier pas. Après, on est lancé. Quel pas pouvez-vous faire aujourd'hui ?

N'attendez pas d'être aimé. Pourquoi ne pas offrir votre amour en premier ? Un amour sans condition. Vivez la vie dont vous rêvez, soyez fidèle à vous-même et à vos valeurs. N'oubliez jamais que vous êtes un être foncièrement bon et généreux. Ne vous prenez pas trop au sérieux, c'est inutile. Rien ne vous force à rester attaché à vos émotions ou à vos biens matériels. Où que vous alliez, votre esprit vous accompagne, cultivez donc ce précieux trésor. C'est une vraie richesse. Soyez proche de la nature, prenez-en soin et elle prendra soin de vous. Laissez votre bonheur éclater au grand jour pour qu'il puisse toucher ceux qui vous entourent. La vie n'est-elle pas merveilleuse ? Nous sommes tous dans le même bateau, en route vers la même destination – aidons-nous les uns les autres en chemin et profitons ensemble du voyage.

Vous avez entre vos mains tout ce qu'il vous faut pour être heureux. Détendez-vous. Soyez libre. Sentez la fraîcheur bienfaisante du bonheur et de la paix, même au beau milieu du chaos.

Vivez de tout votre cœur et soyez un guerrier de la joie et du bonheur.

Quand vous comprendrez à quel point tout est parfait,
vous lèverez la tête au ciel en riant aux éclats.

Bouddha

Notes

1. Daphné du Maurier, *Rebecca*, traduction Anouk Neuhoff, Paris, Albin Michel, 2015 (toutes les notes sont de la traductrice).

2. William Wordsworth, « Vers composés à quelques milles au-dessus de l'abbaye de Tintern », traduction Dominique Peyrache-Leborgne, *Anthologie bilingue de la poésie anglaise*, Paris, Gallimard, coll. « Bibliothèque de la Pléiade », 2005.

3. *Dhammapada. La Voie du Bouddha*, traduction, introduction et notes de Le Dong, Paris, Seuil, coll. « Points Sagesses », 2004.

4. William Blake, « Augures de l'innocence », *in* Georges Bataille, *Œuvres complètes*, t. IX, Paris, Gallimard, 1979.

5. Nâgârjuna, *La Lettre à un ami*, traduction Georges Driessens et Michel Zaregradsky, éd. Dharma, 1981.

6. Aldous Huxley, *Le Meilleur des mondes*, traduction Jules Castier, Paris, Pocket, 2002.

7. Fedor Dostoïevski, *Les Carnets du sous-sol*, traduction André Markowicz, Toulouse, Actes Sud, coll. « Babel ».

8. William Wordsworth, « Vers composés à quelques milles au-dessus de l'abbaye de Tintern », *op. cit.*

9. Lao Tseu, *Tao Te King : Un voyage illustré*, traduit de l'anglais par Stephen Mitchell et du français par Benoît Labayle, L'Haÿ-les-Roses, Synchronique Éditions, 2008.

10. Henry David Thoreau, *Walden*, traduction Brice Matthieussent, Marseille, Le mot et le reste, 2013.

11. Thucydide, *Histoire de la guerre du Péloponnèse*, Livre II, XLIII, traduction Jean Voilquin, Paris, Garnier Flammarion, 1993.

12. *Sûtra du Lotus*, traduction Jean-Noël Robert, Paris, Fayard, 1997.

13. Montaigne, *Essais* (1580-1595), Livre I, chapitre XX, Paris, Folio classique, 1999.

14. Jonathan Safran Foer, *Extrêmement fort et incroyablement près*, traduction Jacqueline Huet et Jean-Pierre Carasso, Paris, Éditions Points, 2007.

15. Khalil Gibran, *Le Prophète*, traduction Philippe Morgaut, Paris, Marabout, 2010.

16. Lalitâvistara. *Vie et doctrine du Bouddha tibétain*, présentation G. Rachet, traduction MM. Pauthier et G. Brunet, Paris, Sand, 1996.

17. Henry David Thoreau, *Walden, op. cit.*

18. Anne Frank, *Le Journal d'Anne Frank*, Paris, Le Livre de Poche, 2013.

19. Lettre de Charlotte Brontë à W. S. Williams, 19 mars 1850.

20. *Mère Teresa*, Paris, Éditions Médiaspaul, coll. « Une pensée par jour », 2005.

21. *Dhammapada. La Voie du Bouddha*, traduction, introduction et notes de Le Dong, *op. cit.*

Table des matières

Imprimé en Espagne par Liberdúplex
pour le compte des éditions Marabout
(Hachette Livre)
58, rue Jean- Bleuzen, 92178 Vanves Cedex
Achevé d'imprimé en juillet 2018

ISBN : 978-2-501-12859-9
2949087/ 01
Dépôt légal : août 2018